Deutsche Firmen in Rußland

Anreize und Hindernisse für unternehmerische Aktivitäten

von

Thomas Falk

Tectum Verlag
Marburg 2001

Die Deutsche Bibliothek - CIP-Einheitsaufnahme

Falk, Thomas:
Deutsche Firmen in Rußland.
Anreize und Hindernisse für unternehmerische Aktivitäten.
/ von Thomas Falk
- Marburg : Tectum Verlag, 2001
ISBN 978-3-8288-8241-6

Tectum Verlag
Marburg 2001

III

INHALTSVERZEICHNIS

ABKÜRZUNGSVERZEICHNIS

AG	Aktiengesellschaft
bzw.	beziehungsweise
FIG	Finanz-Industrielle-Gruppen
GmbH	Gesellschaft mit beschränkter Haftung
i.d.R.	in der Regel
incl.	inklusive
IWF	Internationaler Währungsfonds
Jb.	Jahrbuch
Mio.	Millionen
RGW	Rat für gegenseitige Wirtschaftshilfe
RF	Russische Föderation
u.a.	unter anderem
u.U.	unter Umständen
SU	Sowjetunion
z.B.	zum Beispiel
z.T.	zum Teil

1

1. EINFÜHRUNG

Rußland befindet sich in einem Transformationsprozeß, der bei weitem nicht nur das rechtliche und politische System umfaßt. Ziel ist in erster Linie die Ablösung des als ineffektiv identifizierten planwirtschaftlichen Systems durch ein marktwirtschaftlich orientiertes, um eine erhöhte internationale Wettbewerbsfähigkeit zu erreichen. Dabei sind in kaum einem Land des ehemaligen Ostblocks die „Erfolge" so traurig wie in Rußland. Das Realeinkommen des Großteils der Bevölkerung sinkt rapide. Korruption und Kriminalität sind weitverbreitet. Der wirtschaftliche Abstieg scheint unaufhaltsam. *Prinkewitsch* beschreibt die Lage Rußlands im Jahre 1994 folgendermaßen: vielfältige Ressourcen; Vorhandensein einzigartiger Spitzentechnologie in verschiedenen Branchen; riesiger Markt und gut qualifizierte Arbeiter zu niedrigen Lohnkosten – auf der anderen Seite jedoch politische Instabilität; schlechte Infrastruktur, schwach ausgebildeter Dienstleistungssektor; unklare Gesetzgebung im Hinblick auf Investitionen, Eigentumsschutz und staatliche Unterstützung; hohe Besteuerung von Produktionstätigkeit und Import-/Exportoperationen; unklare Funktion und Kompetenzverteilung der Behörden und Verwaltungsorgane auf verschiedenen Ebenen.[1] An dieser grundlegenden Situation hat sich bis ins Jahr 2001 nicht viel geändert.

Für ausländische Firmen hat Rußland in den letzten zehn Jahren mit seiner außenpolitischen Öffnung an Bedeutung gewonnen. Das Außenhandelsmonopol des Staates wurde abgeschafft. Internationaler Handel kann ungehinderter als zu Zeiten der Sowjetunion getrieben werden. Direktinvestitionen sind willkommen. Dank steigender Erdölpreise ist es dem Land gelungen, sich von den direkten Folgen des Schuldenmoratorium *Kirjenkos* und dem Zusammenbruch des Bankensystems im August 1998 zu erholen. Vor allem die mit diesen Ereignissen verbundene Abwertung des Rubels, ließ ausländischen Investitionen fast vollständig zum Stillstand kommen.[2] Entsprechend einer Umfrage des Verbandes der Deutschen Wirtschaft in der RF vom September 1998 stellten fast die Hälfte der Befragten ihre Investitionsvorhaben zunächst zurück. Skeptisch zeigte sich vor allem der Handel.[3] 1998 war die Höhe der Auslandsinvestitionen in Rußland laut einer Meldung des

---

1   Vgl. Prinkevitsch; 1994, S. 12f.
2   Vgl. o.V.; bfai-Info Osteuropa, 24/98 (1); S. 6.
3   Vgl. o.V.; bfai-Info Osteuropa, 23/98 (1); S. 4ff.

russischen Wirtschaftsministeriums nur halb so hoch wie im Vorjahr.[4] Wie groß die Verwirrung war, verdeutlichen folgende Fakten: Direkt mit Beginn der Krise sanken die Aufträge in der russischen Werbebranche um 80 Prozent. *Sony* und *Procter&Gamble* froren ihre Werbebudgets vorübergehend ein, *Phillip Morris* und *Nestle* beschränkten entsprechende Ausgaben stark.[5] Inzwischen ist wieder etwas Ruhe unter den ausländischen Geschäftsleuten eingezogen. Die Verteuerung von Importen begünstigte Pläne, vor Ort zu produzieren.

Deutschland ist einer der größten Handelspartner der Russischen Föderation. Bei der Zahl der deutsch-russischen Joint Ventures und den hundertprozentigen Auslandsfirmen muß es sich nur von den USA geschlagen geben.[6] Eine der Fragen, der in dieser Arbeit nachgegangen wird, ist jene, was deutsche Unternehmen dazu bewegt, in Rußland aktiv zu werden. Bei der vom Autor durchgeführten Befragung sollten unter anderem die Motive und Standortvorteile genannt werden, die Rußland für die Unternehmen interessant machen. Zwei Drittel der Befragten verwiesen in diesem Zusammenhang auf das Marktpotential. Markterschließung und -sicherung werden noch immer am häufigsten als Ziele eines Auslandsengagements in Rußland genannt.[7] Umfangreiche Rohstoffvorkommen, das hohe intellektuelle Potential oder niedrige Lohnkosten stehen deutlich im Schatten dieses Motivs.

Neben den Anreizen für unternehmerische Aktivitäten sollen aber auch Hindernisse unter die Lupe genommen werden. Wurde gerade über die Risiken und Barrieren für die Geschäftstätigkeit in den letzten zehn Jahren sehr viel geschrieben, scheint es dem Autor, daß ein großer Teil dieser Untersuchungen zu oberflächlichen Charakter trägt. Meist wird dem Rechtssystem eine alles dominierende Stellung gegeben, ohne die tatsächlichen Gegebenheiten ausreichend zu berücksichtigen. Verständlich ist das insofern, als daß Menschen, die aus einer relativ wohlgeordneten Gesellschaft wie der deutschen kommen, gewohnt sind, daß der Rahmen ihres Handelns am konkretesten durch die Gesetzte bestimmt wird. Gegen sie zu verstoßen, läßt direkte Sanktionen erwarten. Doch dieser Sachverhalt ist nicht selbstverständlich und das System funktioniert in Deutschland nur, weil bestimmte tieferliegende Voraussetzungen erfüllt sind. Bei dem Versuch, dies

---

4   Vgl. o.V.; Transitions; 12/98; S. 5.
5   Vgl. o.V.; Ost-Wirtschafts-Report, 2.10.98; S. 397.
6   Vgl. Bfai (Hrsg.); 1998; S. 34ff.
7   Vgl. Welge 1996; S. 6.

deutlich zu machen, erwies sich das Schichtenmodell der Umwelt-Differenzierung und -Berücksichtigung von *Eberhard Dülfer* als sehr hilfreich. Die vorliegende Arbeit baut weitestgehend auf diesem Modell auf, das in *Kapitel 2* näher erläutert wird. Die einzelnen Elemente der russischen Unternehmensumwelt werden dabei in eine Ordnung von Schichten gebracht, deren Abfolge durch evolutorische Ursachen-Wirkungszusammenhänge bestimmt ist. Dadurch gelingt es mit dem Modell, die Wurzeln verschiedener Erscheinungen auszugraben und über das Erkennen nicht nur der Symptome sondern auch der Ursachen effektive Reaktionsempfehlungen zu geben. Außerdem können zu erwartende Entwicklungen aufgrund heutiger Gegebenheiten vorhergesagt werden.

Die Struktur des Hauptteils dieser Arbeit *(Kapitel 3 bis 7)* entspricht den fünf Schichten der globalen Umwelt im Modell Dülfers. Die einzelnen Erscheinungen der Unternehmensumwelt werden diesen fünf Kategorien zugeordnet. Wie es auch von Dülfer beabsichtigt ist, werden dabei Interdependenzen von Einflußfaktoren aufgebrochen, um die Abhängigkeitsbeziehungen identifizieren zu können.[8] Zum Teil, wenn dies der Verständlichkeit abträglich scheint, erfolgt keine konsequente Trennung, wobei auf solche Fälle hingewiesen wird. Ausführlichere Erläuterungen zum Modell finden sich in *Kapitel 2*.

Ziel des Autors war eine teifgehende, im Sinne der Suche nach Ursachen, und dennoch allgemeine Betrachtung der heutigen russischen Gegebenheiten. Aus diesem Grunde wurde z.B. auf eine detailierte Untersuchung der Marktbedingungen und Konkurrenzformen in einzelnen Branchen verzichtet. Bei konkreten Investitionsentscheidungen ist dies unumgänglich. Der Autor behauptet, daß die beschriebenen Erscheinungen branchenübergreifend in Rußland gelten, wobei ihre Bedeutung selbstverständlich von Fall zu Fall unterschiedlich groß sein kann. Vorliegende Arbeit ist sicher nicht geeignet, die Vorteilhaftigkeit eines konkreten Investitionsprojektes zu bewerten. Hierfür sind tiefgehendere Analysen nötig. Dafür sollte die Aufmerksamkeit auf, für jeden Geschäftsmann in Rußland interessante, Aspekte gelenkt werden, die z.T. zu wenig Beachtung finden.

Danken möchte ich an dieser Stelle vor allem Frau Prof. Dr. Guerassimenko, die mich während meines Studienjahres an der Moskauer Lomonossow-Universität aber auch bei den Untersuchungen im Vorfeld dieser Arbeit weitreichend unterstützte. Darüber hinaus habe ich Prof. Dr. Dülfer für seine Betreuung zu danken.

---

[8] Vgl. Dülfer, 1997; S. 257.

Seine theoretischen Betrachtungen haben in großem Maße zu meinem Verständnis der Gegebenheiten in Rußland beigetragen. Dank schulde ich auch all den Vertretern deutscher Firmen, die mir ihre Einschätzung der aktuellen Situation zukommen ließen.

Bevor mit den systematischen Betrachtungen begonnen wird, sollen noch kurz einige Erläuterungen gemacht werden. Wenn, obwohl die Untersuchung auf *deutsche* Unternehmen bezogen erfolgt, nicht durchgängig explizit von deutschen Unternehmen die Rede ist, sondern häufig von Unternehmen allgemein, ausländischen oder westlichen gesprochen wird, so deshalb, weil keine falschen Besonderheiten vorgetäuscht werden sollen. Gibt es konkrete Aspekte die nur für Deutsche zutreffend sind, werden sie auch als solche hervorgehoben. Sonst gilt eine Aussage nicht nur für sie. Unter dem Begriff *unternehmerische Aktivitäten* sollen alle möglichen Auslands-Geschäftssysteme zusammengefaßt werden. Zum Teil erfolgt in der Arbeit ein Vergleich verschiedener Strategien. Das geographische Betrachtungsobjekt ist die Russische Föderation, meist auch einfach kurz *Rußland* genannt.

Wird bei der Nennung verschiedener Personengruppen nicht auch die weibliche Form genannt, so sei darum gebeten, dies nicht als Mißachtung zu verstehen, sondern nur als Verwendung der gebräuchlichen Begriffe. Gemeint sind in jedem Fall Personen beiden Geschlechts.

Im Rahmen dieser Arbeit wurde eine Befragung unter Führungskräften deutscher Unternehmen durchgeführt, die im Bereich des Rußlandgeschäfts tätig sind. Es wurden im September 1998 zunächst etwa 300 Fragebögen per Fax an Vertretungen deutscher Firmen in Moskau geschickt und in einer Nachfaßaktion im Oktober 1998 noch einmal 100 Bögen per Email an die Rußlandabteilungen deutscher Firmen. Leider war die Resonanz sehr gering. Lediglich 37 Antworten gingen ein. Die Ergebnisse sollen trotzdem ausgewertet werden, da sie zumindest gewisse Tendenzen aufzeigen. Informationen zu weiteren Erhebungen, die in der Arbeit berücksichtigt wurden, finden sich im Anhang.

2. Das Schichtenmodell der Umwelt-Differenzierung und -Berücksichtigung von Eberhard Dülfer

Einführend sollen das dieser Arbeit zugrundeliegende Schichtenmodell von Eberhard Dülfer erläutert werden.[9] Es bildet die Grundstruktur der vorliegenden Betrachtung der russischen Unternehmensumwelt. Betrachtungsmittelpunkt des Modells ist die in einem mehr oder weniger fremden Umfeld agierende Unternehmung mit ihren unzähligen Interaktionsbeziehungen. Ihr Handlungsspielraum ist geprägt durch die globale (in diesem Sinne übrige) Umwelt und die internen und externen Interaktionspartner. Die Gesamtheit der ‚wirtschaftlichen' Beziehungen machen die Aufgabenumwelt aus.[10] Mit dem Ziel, das Verhalten dieser Interaktionspartner erklären und vorhersagen zu können, ist man nun auf der Suche nach den ihr Verhalten beeinflussenden Faktoren und gelangt zur zweiten Dimension des Modells der Umweltdifferenzierung. Diese Dimension betrachtet wiederum die globale Umwelt und ihre Elemente. Das Modell soll somit Einflüsse der globalen Umwelt auf die Unternehmung direkt aber auch indirekt über deren Einflüsse auf die Interaktionspartner benennen, systematisieren und Abhängigkeiten aufzeigen. Dabei können sowohl die direkten, als auch die indirekten Einflüsse den Entscheidungsspielraum eines Auslandsmanagers im Vergleich zu dem, was man z.B. in Deutschland gewohnt ist, einengen oder erweitern.[11] Um Abhängigkeitsverhältnisse identifizieren zu können, werden Interdependenzen zwischen den Einflußfaktoren aufgebrochen.[12]

In der vorliegenden Arbeit erfolgt keine getrennte Betrachtung dieser direkten und indirekten Einflußwirkung. In den *Kapiteln 3.* bis *8*, die den nachfolgend beschriebenen Schichten des Modells entsprechen, werden Erscheinungen in Bezug auf ihre Wirkung, sowohl auf die Interaktionspartner eines deutschen Unternehmens, als auch auf das Unternehmen selbst, beschrieben.

---

[9] Vgl. Dülfer, 1997; S. 248ff.
[10] Ebenda; S. 254.
[11] Vgl. Dülfer, 1997; S. 437.
[12] Ebenda; S. 257.

Das Modell nennt sich Schichtenmodell, weil die Einflußfaktoren in eine Ordnung auf-
einander folgender Schichten
gebracht werden. Die Hierarchie der Schichten ist bestimmt
von evolutorischen Verursa-
chungszusammenhängen. Sie
berücksichtigt, daß evoluto-
risch gesehen in erster Linie
die jeweils tiefer liegenden
Schichten die höher liegenden
beeinflussen.[13]

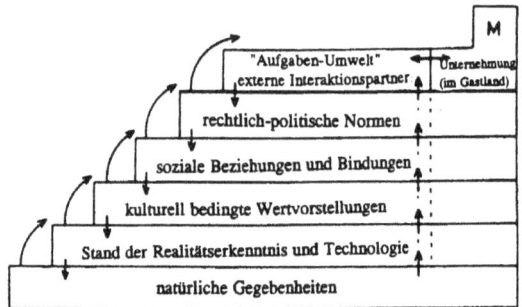

Abb. 2.1.: Vertikalschnitt des „Schichtenmodells"
(Quelle: Dülfer, 1997: S. 261)

Die unterste Schicht sind die „*Natürlichen Gegebenheiten*". Topographische und
klimatische Gegebenheiten sowie das Vorhandensein lebenswichtiger Ressourcen
prägen die kulturelle Entwicklung einer beliebigen Gesellschaft. Sie beeinflussen
die Menschen aber auch direkt. Zum Beispiel trägt das Klima zum Grad des Wohl-
befindens bei.[14]

Im nächsten evolutorischen Schritt wird festgestellt, daß der Mensch zum Verändern seiner Umwelt zunächst zweierlei benötigt: erstens das Verständnis der ihn
umgebenden Natur und zweitens verfahrenstechnische Kenntisse, um die gewon-
nenen Erkenntnisse sich nutzbar zu machen. Besonders hervorzuheben ist an dieser
Stelle die Entwicklung von Kommunikationstechniken. *Der Stand der Realitätserkenntnis und Technologie* ist die unterste kulturelle Schicht. *Dülfer* benutzt dabei
einen sehr weitreichenden Kulturbegriff, der alles Menschgemachte umfaßt.[15]

Auf dem Wissen sowie der Möglichkeit des Erfahrungsaustausches aufbauend,
können sich „*Kulturell bedingte Wertvorstellungen*" herausbilden. Zu diesen sind
Glaube, Einstellungen, Prinzipien und persönliche Ziele zu zählen.[16] Eng verbunden mit dieser Schicht sind die Eigenarten der „*Sozialen Beziehungen und Bindun-*

---

13 Ebenda; S. 257; auch S. 259.
14 Ebenda; S. 257f.
15 Vgl. Dülfer, 1997; S. 258.
16 Ebenda; S. 258f.

gen". Zum einen ist deren Charakter geprägt von Wertvorstellungen. Des weiteren bilden sich auf Basis der Wertvorstellungen Gruppenzugehörigkeiten heraus.[17]

Sowohl die Spielregeln der sozialen Bindungen und Beziehungen, als auch die Bildung von Gruppen in der Gesellschaft führen im nächsten Schritt zur Verfestigung menschlicher Kommunikations- und Verhaltensweisen durch *rechtliche Normen*. Hauptmotiv ist dabei die Harmonisierung des Zusammenlebens und der interpersonelle Interessenaustausch. Ergänzt und verstärkt werden die rechtlichen Normen durch *politische*. „Als politische Normen gelten ideologisch begründete Gebote und Verbote für individuelles Verhalten, die von politischen Machtzentren außerhalb des positiven Rechts, aber unter Benutzung hoheitlicher Machtmittel bzw. unter Berufung auf staatliche Autoritäten eingeführt werden."[18]

Deutlich hingewiesen wird an dieser Stelle darauf, daß die beschriebenen evolutorischen nach oben gerichteten Wirkungszusammenhänge nicht die einzigen Abhängigkeitsbeziehungen sind. Es existieren beachtliche rückwirkende Beziehungen. Als Beispiel kann hier aufgeführt werden, daß individuelle Wertvorstellungen des Menschen stark von seinem sozialen Umfeld und von seinen Gruppenzugehörigkeiten beeinflußt sind.[19] Auch bestehen Interdependenzen nicht nur zwischen benachbarten Schichten. Unbestreitbar fließen z.B. Wertvorstellungen auch direkt in die Gesetzgebung ein. Weitere sehr bedeutende Einflußwirkungen sollen in *Abbildung 2.1.* die ganz links nach oben zielenden Pfeile verdeutlichen. Sie symbolisieren, daß die Schichten sich nicht nur untereinander und die Aufgaben-Umwelt beeinflussen, sondern auch unmittelbar den Auslandsmanager berühren.[20] Ein Beispiel seien die natürlichen Gegebenheiten, die zum einen langfristig die kulturelle Entwicklung einer Region mitbestimmen, darüber hinaus aber auch konkret das Wohlbefinden u.a. eines sich dort befindlichen Managers beeinflussen.

Zwischen Unternehmung und Entscheidungsträger/Auslandsmanager wird an dieser Stelle unterschieden, um auch der Betrachtung des Interaktionsverhältnisses zwischen Auslandsmanager und unternehmensinternen Interaktionspartner des Gastlandes Raum zu geben.

---

[17] Ebenda; S. 259.
[18] Dülfer, 1997; S. 259.
[19] Vgl. Dülfer, 1997; S. 259.
[20] Vgl. Dülfer, 1997; S. 260.

Eine interessanter Aspekt des Modells besteht in seiner dynamischen Betrachtungsweise. Es erlaubt, aufgrund der Annahme, daß langfristig in erster Linie eine Beeinflussung der unteren Schichten auf die höher liegenden erfolgt, Vorhersagen von möglichen Wandlungsprozesse.[21]

---

[21] Ebenda; S. 267.

3. EINFLÜSSE DER NATÜRLICHE GEGEBENHEITEN AUF DAS AUSLANDSENGAGEMENT

Die natürlichen Gegebenheiten beeinflussen die Arbeit ausländischer Unternehmen in vielfältiger Weise. Sie sind unmittelbar für den produzierenden und konsumierenden Menschen spürbar und prägen darüber hinaus die kulturelle Entwicklung der Region.[22] Bei der Betrachtung der natürlichen Gegebenheiten Rußlands muß sich die Größe des Landes vor Augen geführt werden. Fährt man vom westlichsten in den östlichsten Winkel des Landes, sind 11 Zeitzonen zu durchqueren. Auf einer Landesfläche von über 17 Mio. km² leben 146 Mio. Menschen, was einer Bevölkerungsdichte von etwa 9 Pers./km² entspricht.[23] Der Ausdehnung entsprechend groß sind auch die Unterschiede der natürlichen Gegebenheiten. Eine allgemeine inhaltsvolle Aussage ist somit weder in Bezug auf die topographischen, noch auf die klimatischen Gegebenheiten oder das Vorhandensein lebenswichtiger Ressourcen möglich. Man findet weit ausgedehnte Tiefländer genauso wie Hügel- und Bergland bis hin zu Hochgebirgen. Die klimatische Bandbreite umfaßt arktisches, subarktisches, gemäßigtes und subtropisches Klima. Insgesamt überwiegt kontinentales Klima. Große Teile des Landes sind ganzjährig vereist.[24] Bei der Standortbewertung eines konkreten Ortes müssen entsprechende Einflüsse differenziert betrachtet werden.[25]

Die lebensfreundlichsten Gebiete Rußlands findet man mehr oder weniger auf einem Band, das sich vom europäischen Teil des Landes über den Süden des Urals, immer schmaler werdend, bis hin zum Baikaksee erstreckt. In diesen Regionen erlauben Klima und Boden auch am ehesten landwirtschaftliche Nutzung. Die natürlichen Bedingungen bewirken eine Konzentration von Bevölkerung und Industrie in diesem Streifen. Im europäischen Teil des Landes findet man mehr als drei Viertel der russischen Bevölkerung.[26] In Moskau und seiner Umgebung leben über 11 Prozent der Arbeitsfähigen.[27] Der Großteil der Auslandsinvestitionen konzen-

---

22 Ebenda; S. 277.
23 Vgl. Statistisches Bundesamt (Hrsg.), 1997; S. 190ff.
24 Vgl. Bfai (Hrsg.); 1998; S. 9.
25 Es gibt inzwischen bereits eine Reihe von Veröffentlichungen, die das Investitionsklima der einzelner Regionen nicht nur in Bezug auf die natürlichen Gegebenheiten vergleichen und Rangordnungen bilden. Zwei Beispiele sind da: Tichomirova, 1997 und Lavrov, 1997.
26 Vgl. Wadenpohl, 1998; S. 53.
27 Vgl. o.V.; Ekspert, 19.10.98; S. 28.

triert sich hier. Im Jahre 1997 fielen fast 80 Prozent der ausländischen Investitionen auf die Stadt und ihre nähere Umgebung.[28] Damit ist Moskau der Ort, an dem wohl die meisten deutschen Manager in Rußland arbeiten. Sowohl die Niederschläge im Jahr, als auch die durchschnittlichen Temperaturen im Sommer unterscheiden sich in der Elfmillionen-Stadt[29] relativ wenig im Vergleich zu Deutschland. Lediglich der Winter ist merklich länger und kälter. Damit verlangt das moskauer Klima von einem deutschen Manager keine zu große Umstellung.

Der Norden und dabei vor allem der Nordosten sind äußerst spärlich besiedelt. Im russischen Fernen Osten, der so groß ist wie zwei Drittel der USA, leben weitaus weniger Menschen als z.B. in Moskau.[30] Die Erschließung abgelegener, dünn besiedelter Gebiete ist mit größeren Transport- und Kontrollproblemen verbunden. Kurz hingewiesen sei hier schon einmal auf den Aspekt der Infrastruktur, der in gleichnamigem Kapitel näher betrachtet wird. Da Transportkosten und -zeiten aufgrund des Zustands der Infrastruktur und der Größe des Landes schnell übermäßige Dimensionen annehmen, kann es von besonderem Vorteil sein, nahe am Kunden zu produzieren.[31] Vielen russischen Betrieben geht es auch deshalb schlecht, weil sie sich oft Hunderte von Kilometern von ihren Rohstoffen entfernt befinden.

Das Klima ist einer der Gründe, warum es so schwer fällt, Deutsche für die Arbeit in diesen Regionen zu bewegen. Fast das ganze Jahr über eisige Temperaturen erscheinen den wenigsten anziehend. Die körperlichen und psychischen Belastungen machen ausgleichende Anreize erforderlich.[32] Verstärkt wird die Frustrationsgefahr durch den Ruf der traditionellen Verbannungsregion Sibirien, so daß eine Entsendung dorthin schnell als Strafversetzung empfunden wird. Nicht zu vernachlässigen sind auch die besonderen Anforderungen von Produktionsanlagen an die natürlichen Umweltbedingungen. Zum Beispiel erhöht der Dauerfrostboden in vielen Gebieten die Förderkosten von Rohstoffen.

Doch nicht nur für einen Ausländer sind die Bedingungen extrem. Die sowjetische Führung hatte lange versucht die abgelegenen Regionen stärker zu bevölkern. Das Ergebnis sind mittelgroße Industriestädte auch in Gebieten mit unwirtlichem

[28] Vgl. o.V.; Ekspert, 19.10.98; S. 35.
[29] Offiziell hat Moskau knapp 9 Millionen Einwohner, inoffiziellen Schätzungen zufolge sind es über 11 Millionen.
[30] Vgl. o.V.; Ost-Wirtschafts-Report, 29.05.98; S. 204.
[31] Vgl. Kaschin, 1998; S. 53; vgl. Busygina, 1998; S. 1105; vgl. Bernstein, 1998; S. 34f.
[32] Vgl. Dülfer, 1997; S. 306.

Klima, die meist um einen großen Betriebe herum entstanden sind. Häufig ist das Bild dieser Orte von pragmatisch grauer Architektur und hoher Umweltverschmutzung geprägt. Die Perspektivlosigkeit führt nicht selten zu apathischem Verhalten der Menschen. Das alles hat natürlich Einfluß auf das Arbeitsverhalten. Viele Menschen zieht es in die größeren Zentren und lebensfreundlichere Landstriche. Der Autonome Kreis Tschukotka büßte beispielsweise von 1989 bis 1997 fast die Hälfte seiner Bewohner ein.[33]

Deutsche wie auch andere ausländische Unternehmen beteiligen sich in den nördlichen und östlichen Gebieten vor allem an Großprojekten, die die Förderung und/oder Lieferung von Bodenschätzen zum Gegenstand haben. Deren Vorkommen sind in der Russischen Föderation sehr umfangreich und ihre Bedeutung für den russischen Haushalt aber auch für die Versorgung Deutschlands nicht zu unterschätzen. Im Jahre 1996 deckte z.b. russisches Erdöl zu 25 Prozent und russisches Erdgas zu 33 Prozent den deutschen Bedarf.[34] Die letzten Jahre haben in diesem Zusammenhang gezeigt, daß deutsche Unternehmen bei Großprojekten in der Erdölbranche der internationalen Konkurrenz nicht gewachsen sind. Anders sieht es beim Erdgas aus.[35]

Mit Blick auf den Zustand der natürliche Umwelt Rußlands muß bemerkt werden, daß das von deutschem Führungspersonal auch sonst wenig attraktiv empfundene Land in dieser Hinsicht nicht an Reiz gewinnt. Vor allem die Zentren und die Regionen mit hohem wirtschaftlichem Potential, die Hauptaufenthaltsort der Auslandsmanager sind, fallen hier negativ auf.[36] Deutlich wird dies auch bei einem Blick auf die *Tabelle 1* im Anhang dieser Arbeit. Die Industrie ist Hauptverursacher der umfangreichen Umweltschäden in der ehemaligen Sowjetunion. Viele auch für die Trinkwasserversorgung der Bevölkerung bedeutsamen Gewässer sind und werden weiter verschmutzt. In Gebieten mit hoher Luftverschmutzung häufen sich Erkrankungen der Atemwege und Hautkrankheiten.[37] Die Abfallbeseitigung ist ungenügend geregelt. Es fehlen hinreichend gesicherte Deponieflächen sowie

---

[33] Vgl. o.V.; Ost-Wirtschafts-Report, 29.05.98; S. 204; vgl. o.V.; Neue Züricher Zeitung, 12.11.1998.
[34] Vgl. Mittel- und Osteuropa-Jahrbuch 1997/98 – Band 2; S.130.
[35] Vgl. Osteuropa Consulting Center GmbH; 1995; S. 12.
[36] Vgl. o.V.; Ekspert, 19.10.98; S. 31f.
[37] Vgl. Neumüller, 1997; S. 22

Wiederverwertungs- und Vernichtungsanlagen.[38] Ein besonders brisantes Problem stellen die Nuklearabfälle in zivilen und militärischen Anlagen dar. Ihre summarische Strahlenaktivität (ohne die der Kriegsmarine) war 1994 über fünfzigmal so hoch wie die in Tschernobyl freigesetzte. In der Regel werden die Abfälle in veralteten, unsicheren und vollen Deponien gelagert und zum Teil fragwürdig entsorgt. In Gebieten mit langjähriger erhöhter Umweltbelastung häufen sich Anomalien bei Kindern, Unfruchtbarkeit, Schwangerschaftskomplikationen, Fehlgeburten, Leukämie und Lymphdrüsenkrebs.[39] Doch nicht nur die Verschmutzung der natürlichen Umwelt muß besorgt beobachtet werden, auch wurde und wird hemmungslos Raubbau mit natürlichen Ressourcen wie Boden, Wasser und Holz getrieben. Man sollte sich darüber bewußt werden, daß die Taiga von ähnlicher Bedeutung für das Weltklima ist, wie der tropische Regenwald.[40] Die Ursachen für diesen Umgang mit der Natur sind vielfältig. Aus ökonomischen und sozialen Gründen ist nicht an eine Schließung umweltverschmutzender Betriebe, ja nicht einmal an eine Produktionsverringerung aus Umweltgründen zu denken.[41] Weitere Gründe sind das eigentümliche Verhältnis der Bevölkerung zur Natur *(siehe Kapitel 6.3.)*, der veraltete Anlagenpark *(siehe Kapitel 5.3.)* und die Gesetzessituation *(siehe Kapitel 7.4.)*. Die Ursachen liegen also im Sinne des Dülferschen Modells weitreichend in höher gelegenen Schichten. Es ist nicht zu erwarten, daß sich in absehbarer Zeit an diesem Zustand etwas ändert.

Für Investoren spielt der Zustand der natürlichen Umwelt nicht nur insofern eine Rolle, als daß die Umweltschäden der Lebensqualität z.T. erheblich abträglich sind und Gesundheitsschäden verursachen, sondern auch weil sie zu beschleunigter Korrosion führen, die Produktionskosten z.B. durch die Notwendigkeit der Aufbereitung lebens- und produktionswichtiger Ressourcen erhöhen sowie Altlasten dem Erwerb russischer Unternehmen hinderlich sind.[42]

Damit wurden einige Aspekte im Zusammenhang mit den natürlichen Gegebenheiten angesprochen, die die Entscheidung, ob und wo man in Rußland aktiv wird, beeinflussen. In bestimmten Gebieten sind die klimatischen Bedingungen und der Zustand der Umwelt mit ihren Einflüssen auf das Führungs-, Arbeits- und Kon-

---

[38] Vgl. Weißenburger, 1996; S. 142ff.
[39] Vgl. Neumüller, 1997; S. 23
[40] Ebenda; S. 24
[41] Ebenda; S. 33
[42] Vgl. Holtbrügge, 1996 (1); S. 25; vgl. Weißenburger, 1996; S. 142ff.

sumverhalten aber auch die Produktionskosten freundlicher als in anderen. Dadurch konzentrieren sich die Menschen und nicht zuletzt die Kunden in bestimmten Regionen. Deutschland ist in der glücklichen Lage, sich nahe an den lebensfreundlichen Gebieten Rußlands zu befinden.

4. BESCHRÄNKUNGEN UND ERWEITERUNGEN DES HANDLUNGS-SPIELRAUMES DURCH DEN STAND DES HUMAN- UND ANLAGENKAPITALS

Der Stand der Realitätserkenntnis und Technologie ist die tragende Schicht der kulturellen Umwelt.[43] *Dülfer* verwendet dabei einen weitgefaßten Kulturbegriff, bei dem unter der kulturellen Umwelt alle menschgemachten Umwelterscheinungen zu verstehen sind.[44] Der Stand der Realitätserkenntnis ist notwendige Bedingung für die Veränderung der Natur durch den Menschen. Das Wissen der Beschaffenheit, Struktur und Funktionsweise nicht nur natürlicher Systeme ist die Basis für die Entwicklung einer Gesellschaft. In diesem Sinne sind die *Kapitel 4.1.* und *4.2.* einer kurzer Beschreibung des russischen Humankapitals gewidmet. Doch selbst wenn das Verständnis der Gegebenheiten vorhanden ist, benötigt der Mensch zusätzlich geeignete Technologien, um die Erkenntnisse produktiv zu nutzen.[45] Dieser Aspekt soll in Bezug auf Rußland vor allem in den *Kapiteln 4.3.* und *4.4.* betrachtet werden.

4.1. Das wissenschaftliche und technische Potential

Rußland hat große wissenschaftliche Potentiale. Der Stand der Realitätserkenntnis vor allem in naturwissenschaftlichen Gebieten ist so hoch wie in kaum einem Land der Welt. Die sowjetische Führung maß der Forschung große Bedeutung zu, weil auf diese Weise in strategisch wichtigen Bereichen die Überlegenheit des sozialistischen Systems gezeigt werden sollte. In diesem Sinne wirkte sich hier der Wettbewerb mit dem Westen positiv aus. Heute ist die Situation der Akademiker äußerst schlecht. Viele wandern nach Europa, die USA und Israel aus. Allein 1996 verließen 15 Prozent der Ingenieure das Land. Die Russische Akademie der Wissenschaften verlor im gleichen Jahr 20 Prozent ihrer Mathematiker, 19 Prozent der Physiker und 18 Prozent der Biochemiker. Es ist anzunehmen, daß es die besten waren.[46] In der Reihenfolge der Gründe für ihr Auswandern nannten entsprechende Personen erst an 5. Stelle das zu geringe Einkommen. Der Hauptgrund war die

---

[43] Vgl. Dülfer, 1997; S. 258.
[44] Ebenda; S. 259.
[45] Ebenda; S. 258.
[46] Vgl. Thumann, 1998; S. 89.

fehlenden Möglichkeiten des kreativen Nutzens ihres Wissens.[47] Die technische Ausrüstung in den Forschungslabors ist mit weiter sinkender Tendenz sehr schlecht. Auch bestehen innerhalb der Institute Organisations- und zwischen ihnen Abstimmungsprobleme.[48]

In diesem Sinne behindern der Stand der Technik und organisatorisch-verfahrenstechnische Defizite die Erkenntnissuche. Vor allem dem zweiten Aspekt sollte in Zukunft mehr Beachtung geschenkt werden. Problematisch sind die veränderten Anforderungen an die Forschung. Viele Institute forschen noch immer wie zu Sowjetzeiten. Sie sind der Meinung, daß ihre einzige Aufgabe in der Entdeckung herausragender Neuheiten besteht. Was mit diesen dann der Staat macht, war nicht ihr Problem. Weil der sozialistische Betrieb wenig Anreiz hatte, Neues in die Produktion einfließen zu lassen, verstaubten viele großartige Entdeckungen ungenutzt in irgendwelchen Schubladen. Es gibt inzwischen Agenturen, die nach solchen Schätzen in Rußland suchen.[49] Eine Umorientierung ist nötig, weil heute die Verantwortung für die Vermarktung und Vermarktbarkeit der Forschungsergebnisse bei den Instituten liegt.

Die Geldknappheit und das Fehlen von Auftraggebern als eines der Hauptprobleme der Forschungsinstitute muß u.a. in diesem Zusammenhang gesehen werden. Der Staat zahlt nur für wenige Projekte und auch die russischen Unternehmen haben kein Geld. Im unbeständigen russischen Umfeld ist es ihnen zu riskant, in Projekte zu investieren, die erst nach Jahren Früchte tragen. Sie denken eher kurzfristig.[50] Im Zuge der Reformen wurden viele Forschungsabteilungen und -institute geschlossen. Anhand der Statistik ist erkennbar, daß in den letzten Jahren die Entwicklung neuer Techniken beständig zurückging, die Zeit bis zu ihrer Serienfertigung immer länger wurde und gleichzeitig auch immer länger mit veralteter Technik produziert wurde. Noch immer auf höchstem Stand ist Rußlands Wissenschaft in Bereichen wie dem Flugzeugbau, der Raumfahrt, teilweise der Elektrotechnik und des Energieanlagenbaus.[51]

---

[47] Vgl. Janin, 1997; S. 53 ff; vgl. Tscherevitschko, 1997; S. 132 ff.
[48] Vgl. Thumann, 1998; S. 88
[49] Eine ist zum Beispiel die *Technologie und Innovationsagentur Brandenburg GmbH (T.IN.A.)* mit Sitz in Potsdam.
[50] Vgl. Thumann, 1998; S. 88
[51] Vgl. Efimov, 1997; S. 37f.

17

Will ein Forschungsinstitut heute überleben, muß es sich Gedanken darüber machen, ob es jemanden gibt, dem seine Arbeit nützt und der bereit ist, für sie zu zahlen. In gewisser Weise kann man diesen Prozeß des Umdenkens als den Erkenntnisprozeß der neuen Realität ansehen, der für die langfristige Entwicklung des Landes von großer Bedeutung ist, weil er eine Werteveränderung nach sich zieht.

Arbeiten viele russische Wissenschaftler heute im Ausland, versuchen immer mehr ausländische Firmen, sich die intellektuellen und technologischen Potentiale auch innerhalb Rußlands zu Nutze zu machen. Bei der im Rahmen der Arbeit durchgeführten Umfrage erklärten immerhin 28 Prozent der Antwortenden, daß die Erschließung und Nutzung wissenschaftlichen Potentials für sie ein zum Teil bedeutender Aspekt ihrer Präsenz in Rußland sei. Die amerikanische Firma *OBC* gründete im Mai 1998 ein Joint Venture mit einer russischen Fabrik, um sich deren Know-how bei der Herstellung von Batterien für Elektroautos zu Nutze zu machen. Die Produktion des Gemeinschaftsunternehmens wird komplett in die USA exportiert.[52] Gerade bei der Produktanpassung an russische Besonderheiten bietet sich an, auf das Wissen russischer Techniker und Wissenschaftler zurückzugreifen. Die Knorr-Bremse GmbH ist stolz auf ihre gemeinsam mit russischen Ingenieuren entwickelte Bremse, die auch bei tiefsten sibirischen Temperaturen noch arbeitet.[53] Ein anderes Beispiel kommt aus der Elektronikbranche. Russische Wissenschaftler erklärten Ende 1998, daß sie in zwei Jahren einen Prozessor entwickeln können, der doppelt so schnell ist, wie der, den *Intel* im Jahr 2000 auf den Markt bringen will. *Price Waterhouse* prüfte das Projekt und schätzte es als realistisch ein. Nun ist man auf der Suche nach 40 Mio. Dollar. Mehr noch als die finanziellen Sorgen beunruhigt das Team die Vermarktung des Prozessors. Nötig wäre ein strategischer Partner, der das Marketing in die Hand nimmt.[54] Diese Erkenntnis kann hoffnungsvoll stimmen.

Hingewiesen sei auch in diesem Zusammenhang auf die Sonderstellung der zwei Hauptstädte. In Moskau und Umgebung sowie St. Petersburg konzentrieren sich über 50 Prozent der russischen Wissenschaftler.[55]

---

[52] Vgl. o.V.; Ost-Wirtschafts-Report, 21.8.1998; S.335.
[53] Vgl. o.V.; Ost-Markt, S. 7.
[54] Vgl. o.V.; Vremja, 16.12.1998.
[55] Vgl. o.V.; Ekspert, 19.10.98; S. 30.

18

Der Stand der Wissenschaft ist für die weitere Entwicklung Rußlands von herausragender Bedeutung, will das Land nicht lediglich zum Rohstofflieferanten des Westens werden. Gehemmt wird die Forschung zur Zeit vor allem aufgrund der noch nicht vollständig vollzogenen Anpassung der Verantwortlichen an die neuen Umstände, was als ein Prozeß des Realitätserkennens angesehen werden kann. Zum zweiten bewirkt die große Unsicherheit ein eher kurzfristiges Denken in der Wirtschaft, so daß langfristige Investitionen zurückgestellt werden, was die Möglichkeiten der Forschungsinstitute beschränkt. Aber auch die Kombination aus Wertvorstellungen und rechtlichen Rahmenbedingungen verschlechtert die Situation. Zum Beispiel ist der Schutz des intellektuellen Eigentums aufgrund unvollkommener rechtlicher Regelungen und dem eigenartigen Umgang mit diesen nicht sicher gewährleistet.

4.2. Die Ausbildung der Arbeitskräfte von morgen

Neben dem Sammeln von Erkenntnissen ist die Ausbildung und Erziehung als Instrument ihrer Weitergabe betrachtenswert. Dieses Kapitel widmet sich der Ausbildung von Arbeitern und Angestellten sowie der des Führungspersonals.

Einer der wenigen Standortvorteile Rußlands, den deutsche Manager zuweilen nennen, ist das hohe Ausbildungsniveau der Arbeitskräfte bei niedrigen Löhnen. Um ein maßgebliches Motiv für ein Engagement in Rußland handelt es sich dabei sicher nicht, da russische Arbeitskräfte gerade in der jetzigen Zeit recht mobil sind. Gemäß einer Umfrage der Zeitung *Moskovskie Novosti* im Herbst 1998 wären 18 Prozent der Bürger Rußlands damals bereit gewesen, das Land zumindest zeitweise im Falle einer weiteren Verschlechterung der Situation zu verlassen, um im Ausland Geld zu verdienen.[56] Viele haben es bereits getan. Es gibt Agenturen, die sich auf die Arbeitsvermittlung ins Ausland spezialisiert haben. Damit kann auf dieses Potential auch außerhalb Rußlands zugegriffen werden. Trotzdem ist das hohes Bildungsniveau sicher jedem Rußlandengagement förderlich.

Wie zufrieden sind deutsche Manager mit der Ausbildung ihrer russischen Mitarbeitern? Bei der Umfrage im Rahmen dieser Arbeit ergab sich folgendes Bild: In Bezug auf die Arbeiter antworteten 17 Prozent der deutschen Manager, daß der Ausbildungsstand ihren Anforderungen in vollem Maße entspricht und 54 Prozent, daß dies mit Einschränkungen zutreffe. Eher unzufrieden waren 29 Prozent. In

---

[56] Vgl. Andriasova / Bordjug / Davuidova / Kosenko; 1998; S. 12f.

vollem Maße waren bei den Führungskräften nur 6 Prozent zufrieden, mit Einschränkungen drei Viertel. Tendenziell oder absolut nicht ausreichend fanden das Ausbildungsniveau des Managements 19 Prozent.

Grundsätzlich ist es nicht verwunderlich, daß die Ausbildung nicht uneingeschränkt dem deutschen Anforderungsmuster entspricht. Das System der Berufsausbildung war in der UdSSR bis in die 90er Jahre an die Bedürfnisse der sowjetischen Wirtschaftsstruktur angepaßt.[57] Das weitergegebene Wissen und die vermittelten Wertvorstellungen sind heute z.T. nicht mehr zeitgemäß. Es sind Anpassungen der verfahrenstechnischen Kenntnisse notwendig.

In Bezug auf die Ausbildung der Arbeiter liegt das größte Problem wohl darin, daß in vielen Betrieben oder sogar Branchen mit veralteter Technik gearbeitet wurde und/oder wird. Entscheiden sich deutsche Firmen für eine Standortansiedlung, so ist dies i.d.R. mit einer Modernisierung der Anlagen verbunden. Die Bedienung moderner westlicher Technik sind russische Arbeiter oft nicht gewohnt.

Das Management steht vor der Herausforderung, sich einem weitreichend neuen Anforderungsprofil anpassen zu müssen. Zu Sowjetzeiten war Aufgabe der Unternehmensführung in erster Linie das Aufrechterhalten der Produktion. Technische Kompetenzen spielten eine übergeordnete Rolle.[58] Managementbereiche wie der Absatz, die Finanzierung oder die strategische Planung, die heute auch zum Verantwortungsbereich russischer Direktoren zählen, unterlagen der Zentrale. So verwundert es nicht, daß die Unternehmen zwar zu großem Teil von Studierten geleitet wurden, ihre Ausbildung aber bei weitem nicht immer eine wirtschaftliche Orientierung hatte. Häufiger als Ökonomen traf man in den Führungsetagen Ingenieure. Management im westlichen Sinne entsprach wenig den Erfordernissen des planwirtschaftlichen Systems.[59]

Ein Umdenken ist heute nicht nur bei den Direktoren sondern auch bei den Lehrinstituten nötig. 1996 boten von 548 staatlichen Hochschulen im Lande 356 eine wirtschaftswissenschaftliche Ausbildung an.[60] Sehr oft finden jedoch in den wirtschaftswissenschaftlichen Studiengängen volkswirtschaftliche Inhalte bei weitem mehr Raum als betriebswirtschaftliche. An der ökonomischen Fakultät der Mos-

---

57 Vgl. o.V. Business-Ausbildung in Rußland, 1998; S. 30.
58 Vgl. Eberwein/Tholen, 1996; S. 142ff.
59 Vgl. o.V. Business-Ausbildung in Rußland, 1998; S. 32.
60 Ebenda; S. 32.

kauer Lomonossow-Universität wird beispielsweise zu 70 Prozent Mathematik und Geschichte wirtschaftlicher Lehren unterrichtet.[61] Gleichzeitig ist Berufsziel und Perspektive vieler Studenten eine Position im Management privater Unternehmen. Weiter ist das Lehrsystem stark verschult. Eigene Entscheidungen der Studenten werden kaum erwartet und gefördert. Der russische Wirtschaftsstudent erlebt auch immer noch, selbst an angesehenen Hochschulen, Situationen wie die folgende: Bei der Einführung in die Vorlesung „Staatliche Regulierung" erklärt der Professor, daß es zu diesem Thema keine brauchbare Literatur gebe. Er habe aber vor etwa 20 Jahren dazu ein Buch geschrieben, dessen Aussagen weitestgehend noch immer gültig sind!

Vor allem in den, i.d.R. nur teilweise staatlich finanzierten Business-Schools nähert sich die Ausbildung in Bezug auf die Vermittlung von Fachwissen immer mehr westlichen Standards an. Dort werden inzwischen auch verschiedene MBA-Programme angeboten. Ein Problem aller höheren wirtschaftswissenschaftlich orientierten Lehranstalten ist der Mangel an brauchbarem Unterrichtsmaterial. Dadurch, daß zu großem Teil mit Übersetzungen gearbeitet wird, orientieren sich die Materialien oft wenig an der russischen Realität. Selbst Case-Studies sind häufig nur Übersetzungen aus westlichen Lehrbüchern und geben oft kein realistisches Bild der russischen Wirklichkeit ab. Eine Ursache hierfür ist u.a. in der Furcht russischer Unternehmen zu sehen, Informationen und damit Erfahrungen weiterzugeben.[62] Es gibt zudem nur wenig Lehrkräfte, die sowohl über theoretisches Wissen als auch über Praxiserfahrung verfügen.[63] Auf der anderen Seite kann man diesbezüglich hoffnungsvoll sein, da viele Lehrkräfte staatlicher Institute ihre lächerlich niedrigen Gehälter durch Tätigkeiten in der freien Wirtschaft aufbessern.

Schwierigkeiten bereitet also u.a. das Trennen von altem Denken und das Fehlen von verfahrenstechnischen Kenntnissen in Form von Managment-Know-how auch bei den Lehrkräften. Dabei genügt es nicht, Wissen aus dem Westen zu transferieren. Vielmehr ist eine Erforschung der russischen Realität und die Ausarbeitung dieser Realität angepaßter Instrumente nötig. Bei diesem Prozeß wiederum können in anderen Ländern gemachte Erfahrungen sehr hilfreich sein.

---

[61] Ebenda; S. 101.
[62] Vgl. o.V. Business-Ausbildung in Rußland, 1998; S. 138f.
[63] Ebenda; S. 142.

Auf eine herausragende Aufgabe, die die neue wirtschaftswissenschaftliche Ausbildung erfüllen könnte und sollte, macht der Rektor des „Instituts für Business und Geschäftsverwaltung"[64] aufmerksam. Im Rahmen langfristiger Programme besteht die Möglichkeit eine Veränderung der Mentalität in zweierlei Hinsicht zu bewirken: erstens vom Niveau des beköstigt Werdens zu mehr Eigeninitiative und zweitens kann die Bildung einer zivilisierteren Unternehmensethik gefördert werden, wobei er meint, daß es nötig ist, das Geschäftsverständnis zu verändern. Es muß klar werden, daß es nützlicher und vielversprechender ist, ehrlich zu arbeiten, als zu betrügen. Dies hat für ihn weitaus größere Bedeutung als das Vermitteln von Fachwissen, welches er als zweite Hauptaufgabe nennt.[65] Damit weißt er auf eine nach oben gerichtete Beeinflussungslinie im Sinne des Schichtenmodells hin. Weiter unten im Text werden Besonderheiten der Wertvorstellungen als eines der Hauptprobleme der heutigen russischen Wirtschaftswelt identifiziert. Das Bildungssystem könnte hier langfristig gesehen die Situation wirkungsvoll verbessern.

Erwähnenswert ist noch das Problem der Sprache. Deutsche Unternehmen klagen darüber, daß sprachliche Hürden die Kommunikation erschweren. Den älteren russischen Unternehmensdirektoren war es nicht nötig, Fremdsprachen zu beherrschen, da der Außenhandel über die Zentrale ablief. Gerade junge Russen zeigen jedoch großen Ehrgeiz beim Lernen von Deutsch und Englisch, so daß diese Schwierigkeiten abnehmen werden. Für deutsche Unternehmen arbeiten heute oft ostdeutsche Manager, die neben der Sprachkenntnis auch über Erfahrungen mit Rußland verfügen. Zunehmend ist auch die Zahl junger deutscher Wirtschaftswissenschaftler mit Sprach- und Landeskenntnissen.

4.3. Bedeutung und Ursachen des großen Modernisierungsbedarfs

Nicht nur in der Wissenschaft behindern veraltete Anlagen produktives Arbeiten. Auffällig ist in Rußland die Unverhältnismäßigkeit von vorhandenem und nutzbar gemachtem Wissen. Es ist nichts Neues, festzustellen, daß der Zustand der Produktionsanlagen, der Infrastruktur und sonstiger technischer Ausrüstung überwiegend schlecht ist. Darüber hinaus wird die vorhandene Wirtschaftsstruktur den heutigen Bedürfnissen nur teilweise gerecht.

---

[64] Институт бузнеса и деловое администрирования ИБДА.
[65] Vgl. o.V. Business-Ausbildung in Rußland, 1998; S. 102.

22

In der Industrie beschränkt der Stand der Anlagentechnik die Möglichkeiten russischer Unternehmen, qualitativ hochwertige und verkäufliche Produkte herzustellen und führt zu umfangreichen Umweltschäden. Die russische Industrie ist noch stark von den Bedürfnissen des sowjetischen Systems geprägt. Eine Ursache für den heutigen Zustand ist sicher der geringe Anreiz zu Innovationen und Produktivitätssteigerungen in der planwirtschaftlichen Produktion. Mit den zu Zeiten geringer Nachfrageorientierung angeschafften Anlagen können heute oftmals keine konkurrenzfähigen Waren hergestellt werden. Weiter versuchten die sowjetischen Planer, die Herstellung sich substituierender Produkte zu vermeiden und möglichst nur in sehr wenigen Produktionsstätten eine Güterart zu fertigen. Dies geschah mit dem Ziel Skaleneffekte zu erzielen. Im Ergebnis wurden nur wenige Standardgüter hergestellt und es bildeten sich stark monopolistische Strukturen. Zu großem Teil ist der Markt russischer Verbrauchsgüter noch heute geprägt von niedriger Qualität und stark beschränktem Sortiment.[66]

Die existierende Wirtschaftsstruktur kann die heutigen Bedürfnisse kaum befriedigen. Ungenügende Kapazitäten bestimmter Branchen hemmen die Entwicklung anderer Wirtschaftssektoren. Die Lebensmittelindustrie hat z.B. mit Beschaffungsproblemen zu kämpfen, da sich die Landwirtschaft in schlechtem Zustand befindet.[67] Ein anderes Beispiel ist, daß den Unternehmen der Lebensmittel-, Kraftfahrzeug- und Baubranchen die ungenügenden Kapazitäten in der kunststofferzeugenden und -verarbeitenden sowie der Verpackungsindustrie Schwierigkeiten bereiten.[68]

Die sowjetische Wirtschaftsstruktur bewirkt weiter, daß die Betriebe auch nach Abschaffung der Planungsbehörde kaum einheimische Konkurrenz haben. Selbst wenn große Unternehmen privatisiert wurden, machte man damit nicht selten aus einem staatlichen Monopol lediglich ein privates. Bereits erfolgte Entflechtungen wurden und werden durch neue Zusammenschlüsse teilweise wieder rückgängig gemacht. Die weiterhin bestehenden Monopolstrukturen in der Grundstoffindustrie und einigen Branchen des verarbeitenden Gewerbes sowie im Verkehrs- und

---

Vgl. Djakov, 1997;, S. 20ff.
Vgl. Wadenpohl, 1998; S. 88f.
Vgl. o.V.; bfai-Info, 16/98 (1); S.19f.

23

Fernmeldewesen beeinträchtigen die Entwicklung von Wettbewerbsmärkten in großem Maße.[69]

Spuren hinterließ auch der Zusammenbruch des internationalen Arbeitsteilungssystems RGW. Mit seiner Auflösung verloren viele Unternehmen ihre Beschaffungs- und Absatzmärkte. Zahlreiche Betriebe überlebten die letzten Jahre auch aus anderen Gründen nicht, wodurch zur Zeit eine Tendenz zur Umwandlung der russischen Industrie in eine Rohstoffindustrie zu erkennen ist.[70]

Doch nicht nur aus ökonomischen Gründen besteht großer Erneuerungsbedarf. Der Anlagen- und Ausrüstungszustands hat große Bedeutung für die Erhaltung der natürliche *Umwelt*. In die Entwicklung der zum Teil vor mehreren Jahrzehnten angeschafften Anlagen flossen schon damals nur begrenzt ökologische Gedanken ein. Heute verursachen veraltete, stark umweltbelastende Verfahren und störanfällige Anlagen umfangreiche Schäden. Industrieabfälle werden auch aufgrund fehlender Technologie kaum wiederverwertet oder umweltverträglich vernichtet. Für eine sichere Deponierung fehlen moderne gesicherte Deponieflächen. Zum Teil stark toxische Abwässer fließen ungereinigt in die Gewässer, radioaktiver Abfall wird in bedenklichen Deponien gelagert oder im Meer versenkt. Der pro Kopf Energie- und Wasserverbrauch ist unverhältnismäßig hoch, was zum einen sicher mit verschwenderischem Umgang mit den natürlichen Ressourcen zusammenhängt, aber auch mit veralteter Haushaltstechnik und z.B. schlechter Wärmeisolierung. Auch hier sind die Ursachen teilweise im früheren System zu suchen.[71] Die theoretische Bekenntnis zum Umweltschutz stand in der UdSSR und steht auch heute in einem erheblichen Widerspruch zur Umweltschutzpraxis *(siehe Kapitel 7.4.)*.[72] Die Kombination aus geringem Umweltbewußtsein, unklarer rechtlicher Situation und der Finanzknappheit der Betriebe und des Staates läßt hier für die nahe Zukunft wenig hoffen.

Damit wird deutlich, daß in Rußland umfangreichen Investitionen nötig sind. Die Gründe, warum russische Unternehmen nur zögerlich investieren, liegen relativ klar auf der Hand. Ein Hauptproblem ist die schlechte finanzielle Situation der Betriebe. Die ungenügende Rentabilität wirkt sich negativ auf die Zahlungsfähig-

[69] Vgl. Thede, 1998; S.80.
[70] Vgl. Gutnik, 1996; S. 42.
[71] Vgl. Neumüller, 1997; S. 32.
[72] Ebenda; S. 26.

24

keit der Unternehmen aus, da sich die kaum verkäuflichen Waren in den Lagern stapeln. Moderne Anlagen sind i.d.R. jedoch nur für harte Währungen zu bekommen.[73] Doch selbst für gelieferte Waren oder geleistete Dienste gehen die Zahlungen nur spärlich ein. Es ist inzwischen schwer, zwischen Zahlungsunfähigkeit und schlechter Zahlungsmoral zu unterscheiden.[74] Selbst der russische Staat kommt seinen Verpflichtungen nicht nach. In diesem Sinne sind Besonderheiten in den Wertvorstellungen eine Ursache für den langsamen Modernisierungsprozeß.

Teilweise fehlt Betriebsleitern darüber hinaus das Bewußtsein für die Notwendigkeit, die Produktion umzustellen. Oft fehlt die Einsicht, daß die z.t. jahrzehntelang hergestellten Produkte nicht mehr gebraucht werden. Der schlechte Absatz wird häufig mit der geringen Zahlungsfähigkeit der Kunden erklärt, die, wenn sie könnten, gern kaufen würden. Mag das auch z.T. so sein, ist dieses Denken doch gefährlich. Das Überleben vieler Betriebe sichert heute ein geldloses Tauschsystem, das in *Kapitel 5.4.* näher erläutert wird.

Ein weiteres Hauptinvestitionshindernis sind die übergroßen Risiken in Rußland. Aufgrund der Instabilität und Unvorhersehbarkeit neigen russische Unternehmer mit finanziellen Möglichkeiten eher zu Kapitalexport und spekulieren auf internationalen Finanzmärkten, statt Direktinvestitionen zu tätigen. Dies ist ein durchaus rationales Verhalten, da die Gefahr sehr groß ist, daß man die Früchte langfristig orientierter Strategien nicht ernten kann.

Ein Beispiel, welche Chancen sich auf der anderen Seite aus der geringen Nachfrageorientierung zu früheren Zeiten und der Trägheit mancher Verantwortlicher ergeben, ist der Hersteller von leichten Lkw, Lieferwagen und Kleinbussen *GAS*. Der Markt von Lastkraftwagen zeigt, wie jahrelang versteckte Diskrepanzen zwischen Angebot und Nachfrage besondere Entwicklungspotentiale bieten. Geht die russische Produktion von schweren Lkw immer weiter zurück, erkämpfte sich *GAS* mit Abstand den größten Marktanteil unter den einheimischen Lkw-Produzenten. Das von ihm bearbeitete Segment wurde zu sowjetischen Zeiten eher vernachlässigt.[75]

Auch ausländische Unternehmen haben solche Nischen längst registriert. Westliche Marken haben sich einen immer größeren Anteil am Warenumsatz erarbeitet.

---

[73] Vgl. Muisrova, 1997; S. 80ff.
[74] Vgl. Huber,1998; S. 50.
[75] Vgl. o.V.; bfai-Info, 15/98; S.25ff.

Das gilt für langlebige Gebrauchs- genauso wie für Verbrauchsgüter.[76] In den Zentren wurden vor dem August 1998 bis zu 60 Prozent der verkauften Nahrungsmittel importiert.[77] Abgesehen davon, daß der Zustand der Anlagentechnik die Konkurrenzsituation russischer Produzenten beeinflußt, ergibt sich aus der beschriebenen Situation ein großer Modernisierungsbedarf in den Unternehmen, der öffentlichen Verwaltung, den privaten Haushalten und bei der Infrastruktur. Der überwiegende Teil des russischen Werkzeugmaschinenbestandes, der Druckereianlagen, der Bergbau- und Landtechnik sind erneuerungswürdig. Viele russische Unternehmen, Organisationen und Behörden benötigen Computer und moderne Fernmelde- und Vermittlungstechnik.[78] Dabei wird der Modernisierungsbedarf in den nächsten Jahren nur noch größer, weil die Ausrüstung in vielen strategisch wichtigen Bereichen dringend zu erneuern sind. Vielfach ist es z.B. heute nicht möglich, Vorkommen devisenbringender Bodenschätzen abzubauen, weil dies die vorhandenen Fördertechniken nicht erlauben. Da die Rohstoffexporte eine große Bedeutung für den russischen Haushalt haben, ist damit zu rechen, daß die Anlagen früher oder später ersetzt werden. Die Landwirtschaft droht völlig zusammenzubrechen, wenn der Maschinenpark in absehbarer Zeit nicht erneuert wird. Aussaat und Ernte erfolgen immer stärker per Hand, da die Betriebe sich neue Maschinen nicht leisten können.[79] Hier versteckt sich ein großes Potential für ausländische Anbieter, weil auch in der Investitionsgüterindustrie russische Erzeugnisse bezüglich des technologisch-qualitativ Niveaus sowie der Tiefe und Breite des Produktionsprogrammes weit hinter den ausländischen Konkurrenten zurückbleiben.[80]

Vor dem Hintergrund der Finanzknappheit des russischen Staates ist auch weiter mit Verkäufen von Aktienpaketen russischer Staatsunternehmen zu rechnen.[81] Dabei sollten deutsche Unternehmen, die darüber nachdenken, sich an russischen Unternehmen zu beteiligen oder sie zu übernehmen, prüfen, inwieweit die vorhan-

---

[76] Vgl. Prawdin, 1998; S. 38.

[77] Vgl. o.V.; Ost-Markt, 22.06.98; S. 6; vgl. o.V.; bfai-Info Osteuropa, 12/98 (3); S. 29ff.

[78] Vgl. o.V.„Märkte der Welt", 1998 (2); S. 20; vgl. o.V.;„Märkte der Welt", 1998 (4); S. 24; vgl. Kaschin, 1998; S. 51; vgl. o.V.; bfai-Info Osteuropa, 10/98; S.23ff.

[79] Vgl. o.V.; bfai-Info Osteuropa, 25/98; S. 23ff.

[80] Vgl. o.V.; bfai-Info Osteuropa 12/98 (1); S. 22f; vgl. o.V.; bfai-Info Osteuropa, 4/98; S. 23ff; vgl. o.V.; bfai-Info Osteuropa, 10/98; S.23ff.

[81] Vgl. o.V.; Ostinvest, 15. 01.99; S. 6.

denen Maschinen und Ausrüstungen in der Zukunft sinnvoll eingesetzt werden können.[82] In die Überlegungen sollte auch der Umweltgedanke mit einfließen, da unklar ist, wie lange im Besonderen bei ausländischen Firmen mit dem Umweltrecht so inkonsequent umgegangen wird wie heute.

4.4. Zur investitionsunterstützenden Infrastruktur und dem Dienstleistungssektor

Schon mit Blick auf die Größe und die Bevölkerungsdichte des Landes, verwundert es wohl nicht, daß gewisse Defizite in infrastruktureller Hinsicht bestehen. Der amerikanische nichtstaatliche Fond „Erbes" sieht die Versorgung mit Eisenbahn- und Autobahnstrecken, mit Energie und Telekommunikation nur für den europäischen Teil Rußlands ausreichend gewährleistet, wo sich auf der anderen Seite auch die Kaufkraft konzentriert. In Sibirien und dem Fernen Osten bildet die fehlende Kommunikations- und Verkehrsinfrastruktur nach wie vor ein Hindernis für ausländische Investoren.[83] Auch existieren nur unzureichend Lagerkapazitäten mit der notwendigen technischen Ausrüstung wie z.B. Kühlanlagen.[84] Es gilt jedoch, daß die Situation in den Zentren sehr viel anders aussieht, als in abgelegenen Gebieten. Für einheimische Produzenten wirken solche Barrieren teilweise schützend. Selbst die Haushaltselektronikindustrie kann ihre kaum konkurrenzfähigen Produkte in der tiefen Provinz noch absetzen, da Importwaren dort kaum hingelangen.[85]

Gründe für die z.T. schlecht ausgebaute Infrastruktur sind die extrem dünne Besiedlung in weiten Teilen des Landes, unwirtliche natürliche Gegebenheiten und die abweichenden Anforderungen in heutigen im Vergleich zu planwirtschaftlichen Zeiten. Teilweise wurden im Zuge der Umgestaltung alte infrastrukturelle Systeme demontiert ohne Alternativen zu schaffen.[86] Viele heute bedeutende Dienstleistungen hatte in der Sowjetunion deutlich untergeordnete Bedeutung. Die Branche ist inzwischen eine der wachstumsstärksten und viele Fortschritte sind nicht mehr zu übersehen.

---

[82] Vgl. Holtbrügge, 1996 (1); S. 26.
[83] Vgl. Joudanov, 1998; S. 81.
[84] Vgl. Wadenpohl, 1998; S. 101; vgl. o.V.; Ost-Wirtschafts-Report, 12.06.98; S.223.
[85] Vgl. Kaschin, 1998; S. 50.
[86] Vgl. Batalova/Batalova, 1997; S. 138.

Innerhalb Rußlands ist nach dem Rohrleitungssystem die Eisenbahn das wichtigste Transportmittel. Sind die Anlagen und Ausrüstungen zwar zu großem Teil veraltet, ist die Bahn aufgrund der relativ guten Organisation und der höheren Transportsicherheit im Vergleich zum Straßentransport ein empfehlenswerter Verkehrsträger. Leider verhindern häufige Preisänderungen langfristige Kostenkalkulationen. Lastkraftwagen dienen in erster Linie dem Vor- und Nachlaufverkehr zum Bahntransport. Selbst verkehrstechnisch wichtige Straßen sind oft nur zweispurig, in schlechtem Zustand und ohne Beleuchtung. Viele Fahrer verbringen die Nacht in der Nähe von Polizeiposten, da sie sich auf freier Straße nicht sicher fühlen. Trotzdem gewinnen Straßentransporte immer mehr an Bedeutung.[87] Das Land verfügt über umfangreiche Wasserwege, die vor allem im Osten jedoch des Winters zufrieren. Die Luftverkehrsinfrastruktur ist zufriedenstellend ausgebaut. Beunruhigend ist jedoch die Flugsicherheit vor allem auf Inlandsstrecken.[88] Noch immer langsam und unzuverlässig ist die Post. Die Beschädigung oder der Verlust von Postsendungen sind nichts außergewöhnliches. Die Kombination von langen Transportwegen, nicht immer moderner Transporttechnik und z.T. gering ausgeprägtem Verantwortungsbewußtsein beim Transport- und Ladepersonal zieht besondere Anforderungen an die Verpackung nach sich. Inzwischen sind aber bereits einige westliche Kurierdienste in Rußland aktiv.

Mit Probleme ist auch die Sammlung und Übermittlung von Informationen verbunden. Die Telekommunikationsanlagen sind nicht selten in schlechtem Zustand und erschweren das Übermitteln von Nachrichten per Telefon, Fax oder Internet nach und in Rußland. Dieser Umstand beschränkt die Möglichkeiten der Kommunikations- und Distributionspolitik der Unternehmen. Schwierig ist des weiteren, verläßliche volkswirtschaftliche oder marketingrelevante Informationen zu bekommen. Amtliche Statistiken, wie die des staatlichen statistischen Komitees *Goskomstat* sollten mit Mißtrauen gelesen werden. Inzwischen machen verschiedenen deutsche Verbänden und Kammern Informations-, Kontaktvermittlungs- und Beratungsangebote und helfen somit das Informationsvakuum zu füllen.[89] In den Metropolen verbessert sich die Situation der Kommunikationsinfrastruktur mit der

---

[87] Vgl. Thede, 1998; S.88; vgl. Djakov, 1997; S. 20ff; vgl. Mittel- und Osteuropa-Jahrbuch 1997/98 – Band 2; S. 159; vgl. o.V.; Ost-Wirtschafts-Report, 20.02.98 (2); S. 73.

[88] Vgl. Wadenpohl, 1998; S. 15.

[89] Vgl. Osteuropa Consulting Center GmbH; 1995; S.16.

28

Einführung von Satellitennetzen und Mobiltelefonen sowie aufgrund der Präsenz westlicher Zustelldienste.[90]

Problematisch wirkt sich der hohe Monopolisierungsgrad auf den Rohstoff- und Energiemärkten, sowie im Transport- und Nachrichtenwesen aus. Die Eisenbahn und Post sind weiter in Staatshand. Stromleitungen oder Rohrleitungssysteme werden häufig von einem oder wenigen Rohstoff- oder Energieproduzenten kontrolliert. Selbst wenn die Monopole rechtlich verpflichtet sind, ihre Infrastruktur auch für Konkurrenten zu öffnen, weiß man sich dagegen i.d.R. gut zu schützen. Zwar versucht der Staat, ein hemmungsloses Einstreichen von Monopolrenten zu verhindern, indem er die Tarife für entsprechende Dienstleistungen und Waren an die Produktionskosten der Unternehmen bindet. In der logischen Konsequenz blähen diese aber nur ihre Kostenposten auf, was ihnen dann wieder erlaubt, höhere Preise festzusetzen.[91]

Die freie Wahl von Lieferanten wird damit durch die Größe des Landes, die schlechte Infrastruktur und den hohen Monopolisierungsgrad verbunden mit den daraus resultierenden hohen Kosten zum Teil erheblich beschränkt.

Bezüglich der Möglichkeiten des Warenverkehrs zwischen der EU und Rußland kann gesagt werden, daß die Verkehrsinfrastruktur dort relativ gut ausgebaut ist und beständig erweitert wird. Im Herbst 1996 wurde eine Bahnverbindung für den Transport von Containern zwischen Berlin und Moskau in Betrieb genommen. Das Straßennetz im europäischen Teil Rußlands erlaubt auch den Lkw-Transport von und nach Deutschland. Der Bau weiterer Fernstraßen ist geplant. Recht nahe zu Deutschland gelegen ist der Petersburger Hafen, der noch immer ein Tor zum Westen darstellt. Weitere Möglichkeiten für den Umschlag von Waren, die für Rußland bestimmt sind oder von dort kommen, bieten die Häfen Kaliningrads und der baltischen Länder. Für das Leningrader Gebiet ist der Bau von drei zusätzlichen Häfen geplant. Hemmend wirken sich zur Zeit nach Angaben ausländischer Vertreter vor Ort organisatorische Unzulänglichkeiten in den Häfen, vor allem in St. Petersburg, aus.[92] Auch die Rohrleitungssysteme werden weiter ausgebaut. So investiert *Gasprom* in Zusammenarbeit mit der *BASF*-Tochter *Wintershall* große Summen in den Ausbau der von ihm kontrollierten Gasleitungen in Richtung

90 Vgl. Wadenpohl, 1998; S. 24.
91 Vgl. Thede, 1998; S.88; vgl. Djakov, 1997; S. 20ff.
92 Vgl. Reymann, 1998; S.28.

29

Westen. Für deutsche Importeure stellen die relative Nähe zu den Gebieten, in denen die Bedingungen am vorteilhaftesten und in denen sich die Kaufkraft konzentriert (Moskau ist nur rund 1750 km von Berlin entfernt), einen Vorteil gegenüber der Konkurrenz z.B. aus den USA oder Japan dar. Ihre Wahlmöglichkeiten der Transportmittel sind größer. Aufgrund der geringeren Transportkosten und -zeiten können sie auch auf Märkten wie dem der leicht verderblichen Lebensmittel aktiv werden, was Produzenten weiter entfernter Länder größere Schwierigkeiten bereitet. Es ist nicht zufällig, daß der Anteil deutscher Importe an den Gesamteinfuhren ausgewählter Regionen immer geringer wird, je weiter sie sich im Osten befinden. Ist Deutschland im europäischen Teil noch einer der Hauptimporteure, sinkt seine Bedeutung im Fernen Osten beträchtlich. Dort teilen sich asiatische Länder und die USA den Markt.[93]

Schwierigkeiten bereitet auch die Handelsstruktur. Das Einzelhandelsnetz ist stark dezentralisiert, weshalb die Vertriebskette oft zahlreiche Zwischenhändler umfaßt. Die Großhändler verfügen meist über keine eigene Logistik sondern nehmen die Waren auf Lager und verkaufen sie an Selbstabholer. Vielfach arbeiten sie nach westlichen Maßstäben unprofesionell.[94] Kein Großhändler verfügt über ein das ganze Land umfassende Netz. Der Vertrieb erfolgt über unzählige Subkontraktoren auf deren Arbeit man kaum Einfluß hat. Auf einigen Produktmärkten werden in großem Umfang Waren halb-legal unabhängig vom Hersteller importiert. Gezielte Preispolitik, die Unterbindung von Grauhandel oder die Gewährleistung eines guten Kundendienstes ist unter diesen Umständen schwierig.[95] Viele russische Produzenten eröffnen auch deshalb eigene Firmengeschäfte. Die großen westlichen Unternehmen gehen zu der Strategie über, mit einem begrenzten Team von Großhändlern zu arbeiten, die möglichst keine direkten Konkurrenzprodukte vertreten.[96] Wichtig ist dabei, gemeinsame Ziele und Strategien abzustimmen.

Zu erklären ist die Einzelhandelsstruktur damit, daß neben den Gaststätten die staatlichen Geschäfte noch in der ersten Phase der Privatisierungen in private Hand abgegeben wurden. Damals konzentrierte sich das Geld noch nicht so extrem in den Händen weniger und somit gelang vielen Russen der Sprung in die Selbständigkeit. Auch in dieser Branche ist jedoch mit zunehmenden Konzentrations-

[93] Vgl. Osteuropa Consulting Center, 1995, S. 8f.
[94] Vgl. Wadenpohl, 1998; S. 98.
[95] Vgl. Krylow, 1998; S. 92; vgl. Wadenpohl, 1998; S. 132.
[96] Vgl. o.V.; Ost-Wirtschafts-Report, 20.02.98 (2); S. 73.

tendenzen zu rechnen. Der Einzelhandel, vor allem die Straßenmärkte und Kioske, ist eine Branche, in der die russische Mafia sehr aktiv ist.

Supermarktketten haben bei weitem nicht die Bedeutung, wie man es aus dem Westen gewohnt ist. Finden kann man sie fast nur in den zwei Hauptstädten (Moskau und St. Petersburg). Ihre Klientel sind reiche Russen und Ausländer, die sich die dort erhältlichen teuren Importwaren leisten können.[97] Die meisten Verbrauchsgüter werden in kleinen Geschäften, auf Märkten oder an Kiosken verkauft. Weit verbreitet sind noch immer die ehemalig staatlichen Lebensmittelgeschäfte und in den Großstädten die Warenhäuser, in denen vor allem einheimische Produkte zu bekommen sind.[98] Moskau kommt in Bezug auf die Vertriebsstruktur Rußlands besondere Bedeutung zu, weil sich hier der Großhandel konzentriert und viele für die Regionen bestimmte Güter den Warenumschlagplatz Moskau durchlaufen.[99]

Westlichen Wohn- und Bürostandard findet man eigentlich nur in den Ballungszentren und dort zu extremen Preisen. Doch auch Wohnungen sowjetischen Typs sind teilweise knapp und teuer, was zu einem Problem beim Anwerben von Mitarbeitern werden kann. In den Regionen ist die Situation in dieser Hinsicht entspannter.[100] Dort wiederum behindert eine Markterschließung das ungenügend ausgebaute Gastgewerbe.[101]

In den Zentren konzentrieren sich auch andere Dienstleister, die für unternehmerische Tätigkeiten von großer Bedeutung sind.[102] So bildete sich in den letzten Jahren in den zwei Hauptstädten eine recht gut entwickelte Werbeinfrastruktur heraus. In den entfernteren Provinzen sieht die Situation weitaus schlechter aus.[103] Um die Menschen in den Regionen zu erreichen, empfiehlt es sich, in regionalen Fernseh- und Printmedien zu werben, da diese dort ein größeres Publikum als die überregionalen Medien besitzen.[104] Etwa 94 Prozent der Russen haben Zugang zum Fernse-

---

[97] Vgl. Krylow, 1998; S. 94f

[98] Vgl. Wadenpohl, 1998; S. 100f.

[99] Vgl. Wadenpohl, 1998; S. 98.

[100] Vgl. Holtbrügge, 1996 (1); S. 25; Bfai (Hrsg.); 1998; S. 47.

[101] Vgl. Wadenpohl, 1998; S. 15.

[102] Vgl. Reymann, 1998; S.26 + S.28.

[103] Vgl. Ruwwe, 1997; S. 5f.

[104] Ebenda; S. 23f.

hen.[105] Bei der Entscheidung, in welchen Regionen am besten geworben werden soll und welcher Medien man sich am besten bedient, können russische Werbeagenturen helfen.[106] Die Auswahl einer Werbeagentur ist in den letzten Jahren leichter geworden, da es inzwischen schon eine Reihe von Firmen gibt, die bereits seit einigen Jahren auf dem entsprechenden Markt aktiv sind sowie auf Referenzen und bereits durchgeführte Aktionen verweisen können. Galt es noch bis vor kurzem, daß ausländische Agenturen zwar über mehr Werbe-Know-how verfügen, russische Firmen aber besser der Besonderheiten der „russischen Seele" wußten, so verwischen diese Grenzen, da beide Seiten ihre Schwächen abgebaut haben.[107] Auch immer mehr Marktforschungsagenturen, die sich mit Zielgruppen- und Produktforschung sowie der Bewertung der Effizienz von Werbeträgern beschäftigen, werden gegründet.[108] Die großen russischen Agenturen sind gewohnt, mit westliche Firmen zusammenzuarbeiten.[109]

Der Markt für Beratungsleistungen ist ebenfalls zumindest in den Zentren recht gut entwickelt.[110] Auch hier konkurrieren russische Firmen mit den bekannten internationalen. Die Preise für Marketing- und Beratungsdienstleistungen, die bereits mit denen westlicher Länder vergleichbar waren, sanken mit dem Auftragsrückgang im Herbst 1998 wieder.[111]

Wurde langsam und mit bereits sichtbaren Erfolgen vor allem im europäischen Teil ein funktionsfähiges Banken- und Versicherungswesen aufgebaut[112], brach dies mit dem 17. August 1998 erneut zum großen Teil zusammen, als der Staat seine finanziellen Verpflichtungen nicht fristgerecht erfüllte. Viele russische Großhändler und Importeure kamen nicht mehr an ihre Konten und konnten im Resultat ihre Verpflichtungen nicht mehr erfüllen. Die Nichtbearbeitung von Zahlungsaufträgen der Banken zog erhebliche Probleme im mühsam aufgebauten Distributionsnetzes nach sich. Viele ausländische Unternehmen wickeln ihren Zahlungsverkehr über

---

105 Vgl. Wadenpohl, 1998; S. 48.

106 Vgl. Ruwwe, 1997; S. 24; Bsp.: ZK Advertising, Uniton Maxima, Region Press, BBDO, NFQ Advertising Group, Avrora RS, Si-eM.

107 Vgl. Ruwwe, 1997; S. 43.

108 Ebenda; S. 39ff.

109 Vgl. Wadenpohl, 1998; S. 20.

110 Ebenda; S. 22.

111 Vgl. Ruwwe, 1997; S. 17; vgl. o.V.; Ost-Wirtschafts-Report, 02.10.1998; S. 397.

112 Vgl. Joudanov, 1998; S. 81.

vor Ort präsente Tochterfirmen ausländischer Institute ab. Anfang des Jahres 1998 waren nach Angaben der Zentralbank 16 rein ausländische Geldinstitute und 10 mit ausländischem Mehrheitsanteil registriert.[113] Es gibt jedoch auch einen begrenzten Kreis russischer Banken, die inzwischen wieder relativ zuverlässig arbeiten.[114] Traditionell werden die Banken in Rußland nicht als bedeutende und nützliche Institutionen angesehen, sondern eher als Parasiten. Hat man mit umfangreichen PR-Aktionen versucht, dieses Image zu verbessern, verstärkte die Unternehmenspolitik eher Finanzinstitute dieses Bild eher noch.[115] Strategische Investitionen wurden von ihnen kaum gefördert, da Spekulation auf dem einheimischen und den ausländischen Finanzmärkten weitaus einträglicher war. Mehrfach wurden Kunden um ihre Guthaben gebracht. Nach Angaben des CIA steht die Hälfte der 25 größten Banken mit der organisierten Kriminalität in Verbindung.[116]

Wurden in diesem Kapitel, aber auch schon in *Kapitel 3* einige Problembereiche angesprochen, die bestimmte Regionen für ausländische und teilweise im speziellen für deutsche Unternehmen mehr oder weniger attraktiv machen, kann der Attraktivlosigkeit der entfernten Regionen auch etwas Positives abgewonnen werden. Die Wettbewerbsintensität ist in den Gebieten, die von vielen ausländischen Unternehmen nur zögerlich erschlossen werden, noch vergleichsweise gering.[117] Zum Teil können hier einheimische Produzenten noch wenig konkurrenzfähige Waren absetzen, da Importwaren die tiefe Provinz nicht erreichen.[118] Dabei ist nicht nur die Rede vom Fernen Osten, sondern auch von Mittelrußland und dem Uralgebiet.[119] Das hier versteckte Entwicklungspotential sollte im Einzelnen genauer untersucht werden.

4.5. Realitätserkennung als Voraussetzung für Umgestaltung

Rußland verfügt vor allem im naturwissenschaftlichen Bereich über einen sehr hohen Stand der Realitätserkenntnis. Probleme scheint jedoch zu bereiten, sich

---

[113] Vgl. Bfai (Hrsg.); 1998; S. 31.
[114] Vgl. o.V.; bfai-Info Osteuropa, 23/98 (1); S. 5.
[115] Vgl. Krylow, 1998; S. 57
[116] Vgl. o.V.; GUS-Barometer; Nr. 17, Juli 1998.
[117] Vgl. o.V.; Ost-Markt, 10.08.98; S. 7.
[118] Vgl. Kaschin, 1998; S. 50.
[119] Vgl. Wadenpohl, 1998; S. 56.

diese Kenntnisse wirkungsvoll nutzbar zu machen. Die russische Wirtschaft leidet unter dem Erbe sowjetischer Wirtschaftsstruktur und sowjetischer Wertvorstellungen. Der Anlagenpark und die Infrastruktur sind zu großem Teil veraltet und fehlende Kapazitäten in heute wichtiger werdenden Branchen bremsen andere Wirtschaftszweige. Für ausländische Unternehmen bedeuten das in erster Linie zweierlei. Zum einen schwächt es die russische Konkurrenz und zum zweiten verbirgt sich hier ein beträchtliches Verkaufspotential für die Investitionsgüterindustrie. Hemmend ist der Zustand bei der Suche nach Zulieferern. Eine Schlüsselrolle bei der zukünftigen gesellschaftlichen und wirtschaftlichen Entwicklung spielt die Veränderung der Wertvorstellungen der politischen und wirtschaftlichen Einflußträger. Problematisch ist heute die bedenkliche Geschäftsethik, z.B. in Bezug auf die Zahlungsmoral oder das Verantwortungsbewußtsein, das Beibehalten sowjetischer Gewohnheiten und das an die russische Realität angepaßte kurzfristige Denken. Ob im Zuge des Erkennens der Relevanzverschiebung von Erfolgsfaktoren russische Unternehmer zu dem Schluß kommen, daß es sich lohnt, Investitionen zu riskieren, bleibt abzuwarten und hängt davon ab, wie sich ihnen die russische Realität präsentiert. Strategisch wichtig für den Umgestaltungsprozeß ist das Bildungssystem.

5. DIE ROLLE DER WERTVORSTELLUNGEN VON PARTNERN, MITARBEITERN UND KUNDEN

Die kulturell bedingten Wertvorstellungen als nächstfolgende Schicht im Dülfer-schen Modell umfassen alle subjektiv festgelegten Präferenzen. Eingeschlossen sind sowohl solche Werte, von denen das Individuum glaubt, daß sie für alle Menschen Gültigkeit haben, als auch solche, die bewußt als subjektiv gewählt wahrgenommen werden. Damit gehören zum Betrachtungskomplex dieses Kapitels religiöse Glaubensinhalte, ethische Normen, Verhaltensvorschriften, ideologische Postulate, aber auch individuelle Motive und Lebensziele. Dieses Wertesystem des Einzelnen ist zum großen Teil Ergebnis des individuellen Realitätserkennungsprozesses, wird aber auch beeinflußt durch sein soziales Umfeld. Gleichzeitig sind die Wertvorstellungen die Voraussetzung für die Bildung sozialer Gruppierungen.[120]

Nachfolgend soll auf die Problematik des in Rußland tobenden Kampfes der Wertesysteme eingegangen werden. Anschließend wird ihr Einfluss auf das Führungs-, Konsum- und Arbeitsverhalten betrachtet. Tiefgehend auf die Suche nach der vielbeschworenen „russischen Seele" wird dabei nicht gegangen, auch wenn das Schichtenmodell von Eberhard Dülfer gut geeignet wäre, systematisch der Entstehung des russischen Volkscharakter auf den Grund zu gehen. Es sei noch darauf hingewiesen, daß eine Reihe von Aspekten, die in diesem Kapitel behandelt werden, u.U. schon eher der Problematik der sozialen Beziehungen und Bindungen zugeordnet werden müßte. Wenn es im Sinne des Verständlichkeit hier ungeschickt erscheint, Interdependenzen aufzubrechen, soll ein wenig vorgegriffen werden. In allen Fällen, wo dies der Fall ist, sind Wertvorstellungen von durchaus großer Bedeutung.

Wenn auch vier Fünftel der Bevölkerung der Russischen Föderation Russen sind, sei doch einleitend davor gewarnt, die Menschen in Rußland als einen einheitlichen Menschentypus anzusehen. Im Land leben mindestens *153 Nationalitäten*, die sich bezüglich der Sprache, Kultur und Mentalität auch nach 70 Jahren Sowjetunion noch voneinander unterscheiden.[121] Dadurch, daß Russisch Amtssprache war und ist, wird es von den meisten Einwohnern beherrscht. Daneben sprechen die ethnischen Minderheiten aber häufig noch andere Sprachen. Bedingt durch die natürlichen Gegebenheiten, aber auch geschichtliche Besonderheiten und externe

---

[120] Vgl. Dülfer, 1997; S. 318f.
[121] Vgl. Harter, 1996; S. 110; vgl. Wadenpohl, 1998; S. 49.

Einflüsse unterscheidet sich das Leben in den einzelnen Regionen auch unter den Russen zum Teil merklich. In einigen Regionen sind die Russen von ihrem Bevölkerungsanteil sogar in der Minderheit. Zwar gelang es der sowjetischen Erziehung und Realität, die Lebensgewohnheiten ein ganzes Stück weit anzugleichen, doch ließ man sich nicht alle alten Traditionen und Gewohnheiten nehmen. Ein schönes Beispiel ist das der Deutschland-Russen. Das Leben in ihren Dörfern unterschied sich über die ganze Zeit hinweg deutlich von dem in russischen, wobei auf der anderen Seite das Sowjetleben auch seine Spuren hinterließ. Es soll einfach davor gewarnt werden, sich zu unvorsichtigen Verallgemeinerungen hinreißen zu lassen, da dies zu Mißverständnissen und Verstimmungen führen kann. Vor Verhandlungen, im Umgang mit Mitarbeitern oder auch im Marketing ist es vorteilhaft, sich über kulturelle Besonderheiten zu informieren.

5.1. Der irrationale Russe

Oft hört man Westeuropäer und Amerikaner über das irrationale Verhalten der Russen klagen. Einbezogen sind dabei Beamte genauso wie Partner oder Mitarbeiter. Hier soll aber behauptet werden, daß der Mensch grundsätzlich ein rational handelndes Wesen ist, das entsprechend seiner Erfahrungen und seines Wissens Entscheidungen trifft. Erscheint uns das Handeln einer Person irrational, zeugt dies eigentlich nur von unserem Unverständnis und der Unkenntnis der Motive des anderen. Unterschiedliche Umgebungen, Realitäten und die Art auf die bzw. der Umfang mit dem diese wahrgenommen werden, prägen die Wertvorstellungen der Menschen. Abhängig davon, wie sich dem einzelnen die Realität darstellt, welche Wertvorstellungen sich bei ihm herausgebildet haben und welches Verhalten er von seiner sozialen Umwelt erwartet, sowie welches Verhalten er glaubt, daß es seine soziale Umwelt von ihm erwartet, entwickelt er seine Reaktionsmuster. In der von Russen häufig kritisierten Arroganz vieler „Westler" verzweifeln diese an den Bedingungen in Rußland, wie sie sich ihnen darstellen, und erwarten gleichzeitig von ihren Mitarbeitern und Partnern ein der westlichen Realität entsprechendes Verhalten. Daß dies wenig erfolgversprechend ist, liegt wohl auf der Hand. Zweifellos sind die Bedingungen für wirtschaftliche Aktivitäten in Rußland in vieler Hinsicht katastrophal schlecht. Um so wichtiger sind die Erfahrungen der Menschen, die gelernt haben, in dieser Umgebung zu leben und Geschäfte zu machen.

37

Zu großem Teil resultiert das uns unverständliche, „irrationales" Verhalten der Bevölkerung der Russischen Föderation auf der permanenten Undefiniertheit und Unbeständigkeit des Lebens.[122] Gerade in den letzten zehn Jahren waren die Menschen mit so vielen, vom Einzelnen nicht zu beeinflussenden Veränderungen konfrontiert, daß ein kurzfristiges Denken als eine durchaus rationale Reaktion angesehen werden kann. Dieses Denken äußert sich in einem Ausnutzen der gerade vorhandenen Möglichkeiten und mündet häufig in Rücksichtslosigkeit sich selbst und anderen gegenüber. In diesem Zusammenhang ist sicher auch zu sehen, daß Sparen so unpopulär ist. Im Rahmen einer im Jahre 1996 durchgeführten Untersuchung wurden 2000 Russen danach gefragt, welche Bedeutung für sie Geld hat. Fast ein Fünftel der Befragten war der Meinung, daß man es schnell wieder ausgeben sollte und 39 Prozent sahen es als Mittel, um Probleme zu vergessen. Es ist wohl naheliegend, mit welcher Art von Produkten sie dies in erster Linie tun. Gerade im Zusammenhang mit Alkohol fällt die Verantwortungslosigkeit und Gleichgültigkeit vieler Russen ihrer Gesundheit gegenüber auf, was auch wieder als kurzfristiges Denken gewertet werden kann. Verantwortlich fühlen sich Russen in erster Linie für ihrer Familie. Entsprechend der Umfrage des *GfK-FESSEL-Instituts* ist für zwei Drittel der russischen Bevölkerung Geld in erster Linie ein Mittel zur Absicherung der Familie.[123] Betrachtet man das Verhalten von Betriebsdirektoren, Politikern, Richtern, Polizisten aber auch von „gewöhnlichen" Arbeitern und Angestellten, so bekommt man schnell den Eindruck, daß die Verantwortung, die sie aufgrund ihrer Stellung tragen, schnell in den Hintergrund rückt und man vielmehr bemüht ist, die einem gegebenen Möglichkeiten in seinem eigenen sowie im Interesse von Familie und Bekannten auszunutzen. Unter den sich ständig verändernden und unbestimmten Umständen ist es genausowenig sicher, für pflichtbewußtes Handeln belohnt zu werden, wie für Mißbrauch bestraft.[124] Das gleiche Problem existiert im Zusammenhang mit den Eigentumsrechten. Ist jemand Eigentümer einer Sache, sollte man davon ausgehen, daß er daran interessiert ist, auch langfristig den größten Nutzen aus ihr zu ziehen. Aufgrund der Unspezifiziertheit der Eigentumsrechte und ihre wiederholte Umverteilung verringert sich jedoch das Verantwortungsbewußtsein bei den besitzenden Subjekten und der Be-

---

[122] Vgl. Stepin, 1997; S. 37.
[123] Vgl. Mittel- und Osteuropa-Jahrbuch 1997/98 – Band 2; S. 98.
[124] Vgl. Gutnik, 1996; S. 41.

sitz wird nicht selten schnell ausgeplündert.[125] Mit Blick in die Zukunft muß erwartet werden, daß solange die Reformen, die zwangsläufig Unbeständigkeit mit sich bringen, nicht abgeschlossen sind, sich an dieser Erscheinung wenig ändern wird.

Auch viele ausländische Akteure begrenzen aus diesen Gründen ihren Planungshorizont und entscheiden sich eher für kurzfristige Strategien.[126] Bei ihnen ist langfristiges Denken aber weiter verbreitet, da sie hoffen, in der jetzigen Zeit die Basis für zukünftige Marktanteile schaffen zu können und sie häufig über andere finanzielle Möglichkeiten verfügen. Rückschläge werden von ihnen leichter verkraftet. Man sollte sich potentieller Zieldivergenzen bei Verhandlungen bewußt sein. Führende Vertreter des russischen Investorenverbandes erklärten sich den mäßigen Erfolg vieler ausländischer Unternehmen mit der ungenügenden Strategieabstimmung mit den russischen Partnern.[127]

5.2. Die Konkurrenz der Wertesysteme

Eine nicht zu vernachlässigende Position bezüglich der Entwicklung des Wertesystems, nimmt auch in Rußland die *Religion* ein. Die traditionellen Werte der Russisch Orthodoxen Kirche erzeugten keine Motivation zur Arbeit und legitimierte die Macht der Herrschenden. Der Erfolg auf Erden wurde mißachtet.[128] Arbeit hatte den Zweck der Pflichterfüllung gegenüber der Obrigkeit und wurde als sittliche Handlung gedeutet. Da die Arbeit nur den Zweck der Pflichterfüllung haben sollte, wurde auch das Anhäufen von Kapital verurteilt, weil die Akkumulation von Geld dem übermäßigen Konsum des Menschen gilt. Eigentum war das Ergebnis menschlicher Arbeit und dementsprechend wurde der Wert eines Produktes nach der Quantität der zu seiner Herstellung eingesetzten Arbeit bewertet. Reichtum war verachtenswert.[129] An die Stelle der ökonomischen Effizienz sollten die Nächstenliebe und das den Menschen Dienen als Kriterien einer „gerechten" Wirtschaft treten. Die Profitjagd wurde verurteilt.[130] Von besonderer Bedeutung

---

[125] Vgl. Osokina/Kazanzeva, 1997; S. 72.
[126] Vgl. o.V.; Wostok 3/97 (1); S. 28f.
[127] Ebenda; S. 28f.
[128] Vgl. Saizew, 1998; S. 42.
[129] Ebenda; S. 44ff.
[130] Ebenda; S. 57.

war die Idee der Gleichheit, die kollektive Vereinigung durch gemeinsamen Glauben, gemeinsame Ziele und gemeinsame Aufgaben. Freie Selbstverwirklichung des Einzelnen rückte gegenüber den Interessen der Gemeinschaft in den Hintergrund.[131] Heute wie damals ruft bzw. rief die Russisch Orthodoxe Kirche zur Selbsteinschränkung im Konsum auf.[132] Dabei richtet sie sich heute besonders gegen westliche Marken wie *Coca-Cola* und *Marlboro*, die die dekadente konsumorientierte westliche Kultur verkörpern.

Es wird viel darüber nachgedacht, welche Rolle die Religion beim Aufbau einer neuen russischen Gesellschaft spielen kann. Dabei gibt es in erster Linie zwei Funktionen, die sie theoretisch übernehmen könnte. Die eine ist die Hilfe bei der Identitätssuche des russischen Volkes. Auf der Religion könnte ein russisches Zusammengehörigkeitsgefühl beruhen. Wenn gesagt wird, daß die Hälfte der Russen erklärt, daß sie gläubige orthodoxe Christen sind, so ist zu vermuten, daß die Zahl der regelmäßigen Kirchgänger wesentlich kleiner ist, man sich zum Glauben jedoch als identitätsstiftendes verbindendes Merkmal bekennt. Die zweite mögliche Funktion besteht in der Vermittlung eines Wertesystems, das bestimmte Verhaltensnormen induziert und das Leben in verschiedenster Hinsicht vorhersehbarer und sicherer machen könnte. Die Kirche hat sich das Ziel gesetzt, die moralische Erziehung der Menschen zu übernehmen. Zu diesem Zweck werden heute Workshops organisiert, die den Teilnehmern christliche Werte vermitteln sollen.[133] Bisher fehlen der Kirche aber noch weitreichend Antworten auf die Probleme der Menschen im heutigen Rußland. Die Marktwirtschaft wird heute jedoch nicht kategorisch ablehnt – solange der Mensch seinem Nächsten dient und den Versuchungen widersteht.[134] Ihre Glaubwürdigkeit setzt die russische Kirche mit ihren Wirtschaftsaktivitäten aufs Spiel. Sie ist Großimporteur u.a. von Alkohol und Tabakwaren.[135]

Man sollte den Einfluß der Russisch Orthodoxen Kirche weder auf die Wertvorstellungen noch auf Politik und Wirtschaft überschätzen. In erster Linie prägte wohl die sowjetische Lebenserfahrung die Mentalität der heute lebenden Russen. Dabei findet man viele orthodoxe Werte auch im sowjetische Wertesystem wieder.

---

[131] Ebenda; S. 48f.
[132] Ebenda; S. 45f.
[133] Ebenda; S. 52f.
[134] Vgl. Scherer, 1998; S. 82.
[135] Vgl. Wadenpohl, 1998; S. 12.

Das Streben nach Gewinn war auch in der Sowjetunion verpönt und wurde als Überbleibsel der kapitalistischen Epoche gesehen. Gerechtes Eigentum konnte nur durch Arbeit entstehen, Kollektivgeist und Gleichheit standen über der Individualität. Die Arbeit zum Wohle der Gesellschaft hatte höchste Wertigkeit. Das orthodoxen Postulat der uneingeschränkten Obrigkeitshörigkeit hatte ganz sicher Einfluß auf das Entstehen der klaren Hirarchiestrukturen in der SU. Außerdem wurde den Menschen anerzogen, sich auf den Staat zu verlassen.[136] Auf der anderen Seite war der reale Sowjetmensch nicht ganz so konsequent obrigkeitshörig und initiativlos wie ihm häufig nachgesagt wird. Eigeninitiative war nicht völlig unerwünscht. Bewegte sie sich im ‚richtigen' Rahmen, führte sie zu Anerkennung. Weiter war für das sowjetische System der Gegensatz zwischen öffentlicher Befolgung und privater Unterhöhlung der fixierten Regeln kennzeichnend.[137] Diese Regelverstöße wurden zwar häufig von der Gesellschaft bis hin zur Parteiführung in bestimmten Grenzen geduldet oder gar gefördert, kollidierten aber mit dem gepredigten Wertesystem und dem geschriebenen Recht. Damit bildeten sich in der entstehenden Schattenwirtschaft, die weitreichend marktwirtschaftliche Züge trug, wiederum Regeln, die ihr Funktionieren gewährleistete.

Einfluß auf das Verhältnis der Menschen zum jetzigen System hat sicher auch die „Schwarz-Weiß-Malerei" der sowjetischen Ideologie. Wurde das Leben im Sozialismus in den buntesten Farben geschildert und als die gerechteste menschenfreundlichste Gesellschaft dargestellt, ist der Kapitalismus gekennzeichnet von rücksichtsloser Ausbeutung, großen Einkommensdifferenzen und aggressiver Expansionspolitik. Im Programm der Kommunistischen Partei der Sowjetunion, angenommen auf dem XXII. Parteikongreß 1961, wurde „Die Krise des Weltkapitalismus" folgendermaßen beschrieben: „Das Joch des Finanzkapitals wird ständig schwerer. Mammutmonopole, die den überwiegenden Teil der gesellschaftlichen Produktion in ihrer Hand konzentriert haben, beherrschen das Leben der Nation. (...) Die Finanzoligarchie bereichert sich märchenhaft. Der Staat ist zu einem geschäftsführenden Ausschuß der Monopolbourgeosie geworden. Das gesamte Wirtschaftsleben wird rapide bürokratisiert."[138] Spätestens mit der Auflösung der Sowjetunion wurde das Projekt des Aufbaus des Kommunismus in Rußland vorerst für beendet erklärt und man wendete sich der einzigen Alternative, dem Kapitalis-

---

[136] Vgl. Suprijanovitsch, 1997; S. 69ff.
[137] Vgl. Holtbrügge, 1998 (2); S.874.
[138] Vgl. o.V.„Das neue Parteiprogramm der KPdSU"; S. 44.

mus zu. Ist es wirklich nur Zufall, daß die heutige Situation Rußlands stärker als irgendeinem marktwirtschaftlichem Land dieser vor fast 40 Jahren gemachten Beschreibung ähnelt? Scheinbar sehen bestimmte Personenkreise in der grundsätzlichen Umorientierung zum Kapitalismus eine gewisse Legitimation für rücksichts- und verantwortungsloses Handeln. Die Leitbilder der sozialen Marktwirtschaft und Demokratie konnten sich offensichtlich nicht durchsetzen. In ihrer Bezugslosigkeit zur Realität wurden die Begriffe bei der breiten Bevölkerung schnell zu Synonymen für den Niedergang des Landes und geradezu zu Schimpfworten, mit denen Feinde Rußlands diskreditiert werden.[139]

Nun könnte man hoffen, daß die Gesetzbücher Orientierung geben. Das Rechtssystem ist jedoch selbst nicht weniger konfus *(siehe Kapitel 3.5.4.)*. Die geringe Akzeptanz geschriebener Regeln läßt sich auch damit erklären, daß diese zu großem Teil nicht auf allgemein anerkannten Wertvorstellungen beruhen, sondern mehr oder weniger von Außen hineingebracht wurden. Deutlich wird dies durch die permanenten Rechtsbrüche selbst auf oberster Ebene. Man befindet sich in einem Teufelskreis.

Bei der Umfragen des Meinungsforschungsinstituts *WZIOM* vom Februar 1999 war für immerhin 20,3 Prozent der Befragten der Werteverfall eines der größten Probleme der heutigen Zeit. Es ist unklar, was der Werteirritation entgegengesetzt werden kann. Verstärkt wird die „russische Seele" und die mit diesem Gedanken verbundene Einzigartigkeit des russischen Volkscharakters beschworen. Es wird gefordert, sich auf ur-russische Werte zu besinnen. Die zu diesem Thema gemachten Ausführungen stehen jedoch oft auf fragwürdigem Fundament und sind widersprüchlich. Schnell bekommt man den Eindruck, daß lediglich versucht wird, bestimmte Unzulänglichkeit zu rechtfertigen. Auch ist unklar, wie ein auf dem ur-russichen Menschen beruhendes Gesellschaftssystem aussehen könnte.

Aus dem gesamten Problemkomplex ergibt sich folgende Erscheinung: Die „etablierten" Wertesysteme der Kirche oder des Sozialismus bieten keine moralischen Normen für das Verhalten in einer marktwirtschaftlich orientierten Gesellschaft gleichberechtigter Marktakteure. Eine Reihe von Personengruppen wie z.B. die Unternehmer aber auch Staatsdiener müssen im heutigen Rußland damit zwangsläufig gegen die anerkannten Normen verstoßen. Ein Unternehmer wird ohne Streben nach individuellem Wohlfahrtsgewinn und Eigeninitiative wenig erfolgreich

---

[139] Vgl. Holtbrügge, 1998 (1); S.872.

sein. Gemäß der Untersuchung *Radaews* glaubt sich der Großteil der russischen Unternehmer bei seinen Mitbürgern aber auch bei Beamten in schlechtem Ansehen.[140] Gewalttaten in der Geschäftswelt werden von vielen Russen mit einem ähnlichen Schulterzucken registriert, wie man sich dies bei Deutschen in Bezug auf Gewalt im Rotlichtmilieu vorstellen kann. Wer sich in diese Welt begibt, muß mit so etwas rechnen. Dadurch daß viele Russen das Geschäftemachen grundsätzlich ablehnen, reduziert sich für Unternehmer die moralische Kontrolle durch die eigene Bevölkerung, deren Anerkennung für sie in jedem Fall nur sehr schwer zu bekommen ist. Auch am Recht fällt es schwer sich zu orientieren, da die bestehenden bürokratisch-rechtlichen Regeln gerade das Kleinunternehmertum dazu zwingen, in die Schattenwirtschaft abzutauchen.[141] Die russische Rechtsrealität bestraft die Ehrlichen. Hinzu kommt, daß nicht nur in der Geschäftswelt der Einsatz bedenklicher Mittel zur Durchsetzung seiner Interessen Normalität wurde. Diese Normalität führt zu einer abgeschwächten Ächtung solcher Mittel. Die Wertvorstellungen passen sich der sozialen Umgebung an.

Bedenklich muß stimmen, daß russische Kinder heute in einer Umgebung aufwachsen, die sich ihnen aggressiv, brutal und zynisch präsentiert. Es wächst eine Generation heran, die Gesetze nicht ernst nehmen kann, da ihr von allen bis hin zum Präsidenten täglich vorgelebt wird, wie hemmungslos man sie brechen kann.[142] Morallosigkeit des Unternehmertums ist völlig normal. Was will man von einem Menschen erwarten, dem sich in solch einer „Normalität" auf einmal Gewinnchancen bieten, von denen er zuvor nicht zu träumen wagte.[143] Betrachtet man es wieder durch die Brille des Dülferschen Modells, so ergibt sich folgendes Bild: Im Prozeß der Realitätserkenntnis machen die Jungen Erfahrungen, die ihre Wertvorstellungen prägen. Diese in Rußland oft genug kritisch zu bewertenden Erfahrungen beeinflussen ihren Umgang mit anderen Menschen. Der Teufelskreis schließt sich, wenn andere dann von ihnen lernen. Damit ist die Beeinflussung dieses Erkenntnisprozesses von strategisch wichtiger Bedeutung für Rußland. Zur Zeit sind jedoch häufig weder Schule noch Familie in der Lage, negative Außeneinflüsse abzufangen.[144] Auch ausländische Unternehmen sollten sich dessen be-

---

[140] Vgl. Radaew, 1998; S. 75f.

[141] Vgl. Tscherpurenko, 1998.

[142] Vgl. Iwanow, 1997; S. 56ff.

[143] Vgl. Schmidt-Häuser, 1998; S. 69.

[144] Vgl. Harter, 1996; S. 121.

wußt sein, wenn sie z.B. über Weiterbildungsmaßnahmen oder innerbetriebliche Ausbildung zur Erziehung beitragen.

Hoffnungsvoll kann auf der anderen Seite beobachtet werden, daß sich in der „Subkultur" der Unternehmer neue Verhaltensregeln herausbilden, da man sich darüber bewußt wird, daß es in aller Interesse ist, wenn man sich auf bestimmte Dinge verlassen kann.

In der Anpassung eines allgemein anerkannten Wertesystems und der rechtlich-politischen Ordnung liegt nach Meinung des Autors die Hauptherausforderung, die es in Rußland in nächster Zeit zu bewältigen gilt. Die Ausgestaltung eines perfekten Rechtssystems, was häufig als wichtigste Aufgabe angesehen wird, muß erfolglos bleiben, wenn obengenannte Voraussetzung nicht erfüllt sind, da in diesem Falle die Gesetze auch in Zukunft keine Akzeptanz finden werden. Die Einflußnahme des Westens auf den osteuropäischen Transformationsprozeß setzt heute fast ausschließlich bei rechtlich-politischen Normen an. Diese Normen müssen aber auf Wertvorstellungen und sozialen Strukturen basieren. Rußland ist eines der besten Beispiele, die dies bewiesen haben. Die im Sinne des Schichtenmodells von oben nach unten gerichtete Transformation hat versagt, weil sie keine Unterstützung beim Volk bis hin zu gesetzgebenden und gesetzesschützenden Organen fand. Was in Ostdeutschland noch mit großen Spannungen mehr oder weniger gelang, war in Rußland nicht mehr möglich.[145] Die Beeinflussung der Wertevorstellungen durch das Rechtssystem wird dominiert durch die russische Rechtsrealität und nicht durch die Ideale diese „importierten" Systems. Das daraus entstehende Chaos verschlechtert die Lage sogar noch. Es erfolgt aber zweifellos eine Beeinflussung, woraus geschlußfolgert werden kann, daß mit sinnvollen rechtlichen Veränderungen positive und wirkungsvolle Effekte zu erzielen sind.

Für ein deutsches Unternehmen bedeutet diese Situation, daß in naher Zukunft in Rußland nicht mit Rechtssicherheit und Stabilität zu rechnen ist. Diese wird erst kommen, wenn sich neue tragfähige Wertvorstellungen und zwischenmenschliche Spielregeln durchgesetzt haben, die im besten Fall von rechtlichen und politischen Normen konkretisiert oder generalisiert werden.

---

[145] Vgl. Dülfer, 1996; S.36.

5.3. Allgemeine Einstellungen, Denkweisen und Gewohnheiten

Wie steht die russische Bevölkerung zu den Reformen des letzten Jahrzehnts? In der Umfrage des Meinungsforschungsinstituts *WZIOM (ВЦИОМ)* vom Februar 1999 kam die Unsicherheit der Menschen gut zum Ausdruck. Die Frage, ob die Reformen weitergeführt werden sollen oder nicht, wollten fast die Hälfte der Befragten nicht beantworten. Relativ ausgeglichen stimmte der Rest dafür oder dagegen.[146] Wie oben schon erwähnt, assoziieren viele Russen mit den Worten Marktwirtschaft und Demokratie den Wohlstandsverlust und all die offensichtlichen negativen Erscheinungen. Die einstmals stolze Weltmacht muß um Nahrungsmittelhilfe und Kredite aus dem Westen betteln. Die versprochene größere Freiheit wird durch alte Verwaltungsstrukturen und allmächtige Führungen eingeschränkt. Niedrigen Löhne und deren Auszahlung in Naturalien engen die Konsumentscheidung ein. Außerdem ist mit den größeren Entscheidungsspielräumen auch ein größeres Risiko von Fehlentscheidung verbunden, das zu Sowjetzeiten nicht getragen werden mußte.[147]

Profitiert hat von den Veränderungen vor allem eine sehr kleine Personengruppe, die auch mit betrügerischen Mitteln schnell zu großem Reichtum gekommen ist, eine kleine Mittelschicht und der Westen. Die breite Masse der Bevölkerung findet sich mehr oder weniger resignierend mit der Situation ab. Zwar steigt die Zahl jener, die streiken und auf der Straße oder den Eisenbahnschienen protestieren, doch fehlt das klare Feindbild, gegen das man kämpfen könnte.

Die größte Angst haben die Russen entsprechend der Umfragen des Meinungsforschungsinstituts *WZIOM* heute vor der Inflation. Im Februar 1999 gaben 86,8 Prozent der Befragten an, daß die steigenden Preise eines der größten Probleme seien. Die Inflation ist Synonym für den fortschreitenden Wohlstandsverlust. Mit 59,7 Prozent wurde am zweithäufigsten die Angst vor Arbeitslosigkeit genannt. Das ist insofern sehr interessant, als das die offizielle Arbeitslosigkeit durchaus niedrig ist. Offensichtlich gelingt es aber nicht mehr, dieses nicht ganz der Realität entsprechende Bild, der Bevölkerung glaubhaft zu verkaufen.

Um die Problematik zu erklären, soll kurz auf die Struktur des russischen Arbeitsmarktes eingegangen werden: Der russische Arbeitsmarkt kann grundsätzlich in den offenen und versteckten unterteilt werden, wobei der offene aus dem offiziel-

---

[146] Vgl. Archangelskaja, 22.02.99; S. 46f.
[147] Vgl. Holtbrügge, 1998 (2); S.874.

len und inoffiziellen besteht. Der offene offizielle Teil setzt sich aus den freien Arbeitskräften zusammen, die offiziell registriert sind sowie den Lehrstellen im System der Berufsausbildung. Der offene inoffizielle Teil befriedigt seine Bedürfnis nach Arbeitsvermittlung über direkte Verträge mit Arbeitgebern oder nichtstaatlichen Vermittlungsstrukturen. Der versteckte Teil des Arbeitsmarktes hat sich zwar faktisch den Status der Beschäftigung erhalten, die Wahrscheinlichkeit, den Arbeitsplatz zu verlieren, ist jedoch überaus hoch. Ursache ist unter anderem die langjährige Praxis, sich permanente Arbeitskräftereserven zu erhalten und das Unbehagen vieler, sich für ihre Kollektive verantwortlich fühlender Unternehmensleiter, Arbeiter in die Arbeitslosigkeit zu entlassen. Kurzarbeit und unbezahlter Urlaub sind weit verbreitet. Daraus resultiert, daß der offenen Arbeitsmarkt nur relativ langsam wächst, der versteckte aber sehr schnell.

Knapp hinter der Arbeitslosigkeit stand bei der *WZIOM*-Umfrage mit 56,3 Prozent das Problem der Rückstände bei Lohn-, Renten- und anderen Zahlungen. Darauf folgte mit 42,7 Prozent die Angst vor Kriminalität, mit 36,2 Prozent die Unzufriedenheit bezüglich der Einkommensverteilung, mit 33,6 Prozent die Schwäche der Regierung, mit 25,4 Prozent die Korruption und mit 20,3 Prozent die moralische Krise.[148] Auf der Suche nach der Wertehierarchie der Russen wurden im Jahr 1991, also noch vor Freigabe der Preise und den großen Privatisierungen, 1350 Russen gefragt, welche Lebensbereiche für sie sehr wichtig sind. Mit Abstand am häufigsten nannten die Befragten die Familie (79 %), gefolgt von der Arbeit (48 %), dann die Freizeit (30 %), die Freunde (28 %), die Politik (10 %) und zuletzt die Religion (8 %).[149] Interessant sind auch einige weitere Ergebnisse der Untersuchung des *GfK-FESSEL-Instituts* aus dem Jahre 1996, auf die ja schon weiter oben eingegangen wurde. Hier z.B. alle Antworten auf die Frage nach der Bedeutung des Geldes: 1. Mittel zur Absicherung der Familie: 64 Prozent; 2. Mittel zum Vergessen der Probleme – 39 Prozent; 3. Gerechter Lohn der Arbeit – 20 Prozent; 4. Sollte schnell wieder ausgegeben werden – 18 Prozent; 5. Mittel zum Genießen der schönen Dinge des Lebens – 14 Prozent; 6. Mittel zur Messung des Erfolgs – 6 Prozent; 7. Mittel zur Selbstdarstellung – 6 Prozent; 8. Ermöglichung von Mobilität – 4 Prozent.[150]

---

[148] Vgl. Archangelskaja, 22.02.99; S. 46f.

[149] Mehrfachnennungen waren möglich.; vgl. Schlese/Schramm; 1996; S. 168.

[150] Vgl. Mittel- und Osteuropa-Jahrbuch 1997/98 – Band 2; S. 98.

Gewöhnungsbedürftig ist für viele „Westler" die russische Schmerzgrenze bezüglich der Hygiene in öffentlichen Einrichtungen. Irritierend ist auch die Freundlich-
keit, mit der man als Gast behandelt wird, im Kontrast zu der unfreundlichen
Atmosphäre, die einem z.b. als Kunde im Geschäft, Verkehrsteilnehmer oder in
Behörden entgegenschlägt. Ein Erklärungsversuch hierzu ist, daß der sowjetische
Kollektivismus ein unterdurchschnittlich ausgeprägtes Selbstwertgefühl beim Einzelnen hervorbrachte. In der Reaktion versuchte er, ihm gegebene Macht auszunutzen, um sich so aufzuwerten.[151] Das Vorurteil, daß Russen gern einmal etwas mehr
trinken, ist nicht ganz realitätsfern. In den meisten Fällen wird man aber gerade als
Ausländer nicht genötigt, mitzutrinken. Unter Umständen kann ein gemeinsamer
Wodkaabend jedoch den freundschaftlichen Beziehungen auch zwischen Geschäftspartnern zuträglich sein.[152] Gewarnt sei auch hier vor Verallgemeinerungen.
Es gibt viele Russen, die überhaupt keinen Alkohol trinken. Problematisch ist aus
deutscher Sicht die größere Toleranz in Bezug auf Alkohol am Arbeitsplatz.[153]

Das Verhältnis der russischen Bevölkerung zur natürlichen *Umwelt* ist gespalten.
Dabei ist bei fast allen Gesellschaftskreisen die frühere Denkweise verbreitet. Zu
Zeiten der UdSSR stand die theoretische Bekenntnis zum Umweltschutz in erheb-
lichem Widerspruch zur Umweltschutzpraxis. Umweltschäden wurden verdrängt
und machte man auf sie aufmerksam, wurde dies nicht selten als Systemkritik ver-
standen.[154] Zu sowjetischen Zeiten hatten der Plan und damit ökonomische Interessen oberste Priorität. Auch heute erkennt man das Problem, ohne praktische Konsequenzen zu ziehen.[155] Die riesigen natürlichen Ressourcen des Landes werden
weiter schonungslos ausgebeutet. Gerade in der Atom- und Chemieindustrie werden Umwelt und Gesundheitsgefahren fatalistisch in Kauf genommen. Auch in Bezug auf das Nachfrageverhalten steht das Umweltbewußtsein deutlich hinter dem
Entscheidungsfaktor Preis. Im Umgang mit der Umwelt kommt erneut das oben
beschriebene kurzfristige Denken zum Ausdruck. Die wirtschaftliche Entscheidungsträger sehen in erster Linie ihre kurzfristigen wirtschaftlichen Interessen
ohne Rücksicht auf Probleme derart langfristiger Reichweite. Auch bei der Bevölkerung rücken verständlicherweise in der heutigen schwierige Umbruchsituation

---

[151] Vgl. Wadenpohl, 1998; S. 30.
[152] Vgl. Baumgart/Jäncke, 1997; S. 22.
[153] Ebenda; S. 97.
[154] Vgl. Neumüller, 1997; S. 33.
[155] Vgl. Neumüller, 1997; S. 26.

47

die aktuellen täglichen Sorgen in den Vordergrund.[156] Viele Schäden ließen sich jedoch bei etwas mehr Bewußtsein ohne großen Aufwand zumindest begrenzen. Dabei scheint die Bevölkerung doch beträchtliche Furcht vor Umweltkatastrophen zu haben. Bei der *GfK-FESSEL*-Umfrage erklärten die Befragten, nur vor der ansteigenden Kriminalität und dem Ausbrechen eines Weltkriegs mehr Angst zu haben.[157] Gemeinsam mit der unvollkommenen Gesetzeslage beschränkt das geringe Umweltbewußtsein der Bevölkerung im alltäglichen Leben, vor allem aber entsprechender Entscheidungsträger den Handlungsspielraum der Unternehmen kaum. Tschernomyrdin äußerte sich während seiner Amtszeit als Premierminister zu diesem Problem einmal folgendermaßen: Rußland brauche keinen Umweltschutz, weil das Land so riesig ist.[158] Ein Argument, das häufig zu hören ist. Auch regionalen Administrationen stellen wirtschaftliche Interessen nicht selten über den Erhalt der Umwelt und schützen auch ausländische Firmen vor Angriffen von Umweltschützern. So machte z.B. die Umweltorganisation Greenpeace, die nur sehr geringe Zulauf in Rußland hat, negative Erfahrungen mit der lokalen Verwaltung Kareliens. Die Organisation wollte gegen eine finnische Holzfirma protestieren, die alte Baumbestände kahl schlug. Mit allen Mitteln versuchten die Behörden, die Greenpeace-Untersuchungen zu verhindern.[159]

Wurde weiter oben schon auf die Inhomogänität der russischen Bevölkerung hingewiesen, soll hier der Blick auf den Zusammenhang von geographischer Lage und kultureller Nähe gerichtet werden. Die Entwicklung einer Region wird durch die geographische Lage auch insofern beeinflußt, als daß kultureller Austausch um so leichter möglich ist, je weniger räumliche Distanz oder Barrieren verschiedene Kulturen trennen. Dieser Austausches trägt zu größerem beiderseitigem Verständnis bei und läßt Wertvorstellungen sich einander annähern. Je stärker Kulturen miteinander in Berührung kommen, desto geringer wird der empfundene Fremdheitsgrad sein. Hält man sich dabei erneut die Größe Rußlands vor Augen, so kann davon ausgegangen werden, daß die kulturelle Nähe zwischen Deutschland und dem europäischen Teil des Landes größer ist, als z.B. zum chinanahen Sibirien. Aber auch umgekehrt gilt, daß von vielen Russen die Westeuropäer den ferneren

[156] Ebenda; S. 33.
[157] Vgl. Mittel- und Osteuropa - Jahrbuch 1997/98 – Band 2; S. 91 (befragt wurden 2000 Russen).
[158] Vgl. Hassel, 16.02.99; S. 6.
[159] Vgl. o.V.; Ost-Wirtschafts-Report, 10.07.98; S. 264.

48

Amerikanern als Kontaktpartner vorgezogen werden.[160] Neben logistischen Ursachen versteckt sich hier sicher auch ein Grund, warum deutsche Unternehmen viel stärker im europäischen Teil Rußlands aktiv sind, während weiter im Osten asiatische Akteure eine merklich größere Bedeutung haben.[161] Deutschland hat als eines der am nähesten am russischen Zentrum und den bevölkerungsreichsten Gebieten gelegenes westliches Land auch in diesem Zusammenhang einen Vorteil gegenüber der internationalen Konkurrenz.

Das Bild der Russen von Deutschland und den Deutschen kann grundsätzlich positiv eingeschätzt werden. Deutschland besitzt für viele Russen Vorbildcharakter. Beeindruckt ist man vor allem vom Wohlstand, der Wirtschaft, der Stabilität und dem gut ausgebauten sozialen Netz. Bei einer Umfrage unter Russen fanden allerdings nur 28 Prozent die Deutschen wirklich sympathisch, während sie 22 Prozent unsympathisch waren. Die Hälfte der Befragten konnten sich für keines der Urteile entscheiden.[162] Das Mißtrauen auf deutscher wie auf russischer Seite ist noch immer groß.[163] Gereizt wird von Russen registriert, wenn westliche Ausländer signalisieren, daß sie gekommen sind, um das Licht in die russische Finsternis zu tragen. Das geht soweit, daß einige deutsche Unternehmer das Verhalten ihrer Landsmänner als wirkliches Geschäftshindernis empfinden. Erwähnenswert ist, daß westliche Ausländer noch immer tendenziell für reich gehalten werden.[164]

Trotz der grundsätzlich positiven Einstellung sollten ausländische Unternehmen nicht unvorbereitet auf nationalistische Angriffe vor allem in den abgelegenen Regionen sein. Damit ist keine körperliche Gewalt gemeint, sondern vielmehr Kampagnen bestimmter Interessenvertreter. So protestierten z.B. Teile der Bevölkerung im Kreis Krasnodar gegen die dortigen Aktivitäten eines deutschen Unternehmens. Die Losung war damals: „Kosaken waren niemals Knechte der Deutschen und werden es nie sein!". Der Streit um die Rolle und die Notwendigkeit ausländischen Kapitals in Rußland dauert schon Jahrhunderte, wobei man in letzter

---

[160] Vgl. o.V.; GUS-Barometer; Nr. 14, Januar 1998.
[161] Vgl. Busygina, 1998; S. 1105.
[162] Vgl. o.V.; Wostok 2/97; S. 28f; zum Erhebungsdesign: Das Forschungsinstitut für sozialpolitische und sozialökonomische Fragen in Moskau befragte 1750 Personen in verschiedenen Regionen Rußlands.
[163] Vgl. o.V.; GUS-Barometer; Nr. 14, Januar 1998.
[164] Vgl. Baumgart/Jäncke, 1997; S. 106.

Zeit Auslandsinvestitionen so offen gegenübersteht, wie lange nicht zuvor.[165] Unter Umständen ist es ratsam, mit gezielter Öffentlichkeitsarbeit zu versuchen, die Bevölkerung für sich zu gewinnen und nationalistischen Propagandisten, die den Lokalpatriotismus häufig nur schüren, um eigene wirtschaftliche und politische Ziele zu erreichen, den Wind aus den Segeln zu nehmen. Grundsätzlich liegt hier sicher keines der Hauptprobleme für wirtschaftliches Engagement in Rußland. Die Ergebnisse der Untersuchung im Rahmen dieser Arbeit legen den Schluß nahe, daß die Russen durchaus gewillt sind, in deutschen Unternehmen zu arbeiten. Nicht einer der Befragten sah hierin ein Problem.

5.4. Russische Führungskräfte als Partner, Mitarbeiter und Konkurrenten

Radaew bat in seinen Befragungen russische Führungskräfte, ein bis zwei persönliche Eigenschaften zu nennen, die eine Person besitzen sollte, mit der man heute in Rußland Geschäfte machen will. Beinahe vier Fünftel nannten moralische Qualitäten wie Anstand oder Ehrlichkeit. Auch bei Eigenschaften, die konkreter im Zusammenhang mit wirtschaftlichen Aktivitäten stehen, wurde Tugenden wie Verbindlichkeit, Verantwortungsbewußtsein oder Zuverlässigkeit die größte Bedeutung beigemessen. Fachliche Kompetenzen und Qualifikationen wurden weitaus seltener genannt.[166] Damit machten die Befragten deutlich, wo ihrer Meinung nach die schwerwiegendsten Defizite bei ihren Kollegen liegen.

In diesem Kapitel werden einige Ausführungen zu russischen Führungskräften gemacht, deren Eigenarten für den deutschen Manager in verschiedener Hinsicht interessant sind. Er kommt mit russischen Managern in den Positionen der Mitarbeiter, Partner oder Konkurrenten in Kontakt. Dabei sollen die Russen in drei Gruppen eingeteilt werden. Die erste besteht aus den alten sowjetischen Direktoren, die noch häufig Managementpositionen besetzen. Die zweite läßt sich charakterisieren mit dem Begriff des „Neuen Russen", welcher ein kurzfristig denkender Unternehmer ist, der auch fragwürdige Mittel zu seiner Zielerreichung nicht scheut. Die dritte Gruppe sind westlich orientierte Manager, die entweder im Ausland Erfahrungen gesammelt oder in Rußland eine moderne wirtschaftswissenschaftliche Ausbildung erhalten haben. Natürlich läßt sich kaum ein russischer

---

[165] Vgl. Bobuikin, 1997; S. 3.
[166] Vgl. Radaew, 1998; S. 111f.

Manager eindeutig einer der Gruppen zuordnen. Die getrennte Betrachtung erscheint trotzdem sinnvoll, da so deutlich gemacht werden kann, auf welche Einflüsse Einstellungen zurückzuführen sind. Herkunft und Gestalt der Wertesysteme der drei Stereotype weichen z.T. stark voneinander ab.

5.4.1. Die Sowjetdirektoren

Die Sowjetdirektoren sind in den russischen Führungsetagen wohl am weitesten von den drei obengenannten Typen verbreitet. Zum einen findet man sie in Staatsbetrieben aber auch in privatisierten. Dort sind sie teilweise angestellt, nicht selten aber auch über Insider-Privatisierungen Eigentümer geworden. Um diesen Managertypus zu beschreiben, soll die Stellung der Direktoren im sowjetischen Wirtschaftssystem betrachtet werden. Grundsätzlich kann gesagt werden, daß sie vor allem für die operativen Aufgaben verantwortlich waren. Strategische Entscheidungen traf die staatliche Zentrale. Sie gab mit dem Plan die Zielgrößen vor, wies Ressourcen und Transaktionspartner zu, verteilte die Produktion und kontrollierte den gesamten Wirtschaftsablauf. Mit dem Plan wurde den Betrieben nicht nur die Norm der Endproduktionsmenge vorgegeben, sondern auch die Zuteilung der Ressourcen, der Verkaufswert, die Arbeitsproduktivität und andere Indikatoren.[167] Die Unternehmensführung hatte zu gewährleisten, daß der Produktionsprozeß störungsfrei ablief und im Endeffekt das kurzfristige Ziel, der Jahresplan erfüllt wurde. Wie schon im *Kapitel 4.2.* bemerkt wurde, traf man dementsprechend häufig Ingenieure in den sowjetischen Führungsetagen. Da Preise staatlich festgesetzt wurden, trugen sie keinen Informationscharakter im Sinne von Marktpreisen. Wesentlichen Signalcharakter hatte die Produktionsmenge. In diesem Zusammenhang ist es nur verständlich, daß die Unternehmen unter geringem finanziellen Druck standen. Überstiegen ihre willkürlich bewerteten Ausgaben ihre willkürlich bewerteten Einnahmen, fing dies das Bankensystem auf. Bestraft wurde im Grunde nur die Nichterfüllung der Normen.[168] Die Manager hatten wenig Anreiz, innovativ tätig zu werden oder die Qualität der Produktion zu verbessern, da dies von der, auf die Produktionsmenge fixierte Planungsbehörde nicht gewürdigt wurde. Auch eine Steigerung der Produktivität wurde kaum belohnt, da sie nur zu höheren Planvorgaben oder niedrigerer Ressourcenzuteilung führte.[169] Der Umstand, daß die

---

[167] Vgl. Hertz, 1997; S. 16f.
[168] Ebenda; S. 5ff.
[169] Vgl. Gutnik, 1996; S. 31; vgl. Hertz, 1997; S. 18f.

51

Betriebsleiter für innovatives Verhalten also nicht nur nicht belohnt, sondern sogar indirekt bestraft wurden, bremste auch solche Betriebsleiter, die aus Idealismus mithelfen wollten, eine neue bessere Gesellschaft aufzubauen.

Trotz allem kann man nicht sagen, daß die Direktoren keine Unternehmer waren, da die Erreichung der Plangrößen häufig viel unternehmerisches Geschick erforderte. Sie mußten dafür sorgen, daß immer ausreichend Ressourcen zur Verfügung standen und die Pläne nur gerade soweit übererfüllt wurden, daß man zwar Prämien kassierte, die Planvorgaben für die nächste Periode aber nicht zu hoch angesetzt wurden.[170] Um dies zu erreichen gab es in erster Linie zwei Strategien. Zum einen versuchte man sich so weit wie möglich, bis hin zu Lebensmitteln, selbst zu versorgen. Mit einem sehr hohen Grad vertikaler Integration war man unabhängig von Zulieferern. Eine herausragende Rolle für das Erreichen seiner Ziele spielten weiter informelle Beziehungen. An den formalen Kommunikationswegen der starren Hierarchie vorbei, unterhielten die Direktoren inoffizielle Kontakte zu Behörden und anderen Unternehmen. Diese Kontakte ermöglichten z.B., am Plan vorbei Ressourcen umzuverteilen. Mit guten Beziehungen zu den Planungsbehörden ließen sich im Zuge der Planfestlegung günstigere Bedingungen durchsetzen oder Investitionsprojekte bewilligen.[171] Ein erfolgreicher Manager mußte sich auf persönliche Kontakte verlassen und auch Gesetze brechen. Wurden solche Verletzungen zwar häufig von oben wissentlich geduldet und war die Erfüllung des Plans Hauptkriterium für die Bewertung der Betriebsführung, bewegten sich trotzdem viele Direktoren in einem Raum zwischen Auszeichnung für herausragende Leistungen und Bestrafung für Gesetzesbruch.[172]

Heute stehen die Sowjetdirektoren vor der Herausforderung der Anpassung der Unternehmensführung an die neuen Umstände, was auch als die Notwendigkeit, alte Werte zu überdenken, angesehen werden kann. Problematisch ist für sie vor allem, daß sich in den letzten Jahren die Kriterien für den Unternehmenserfolg verändert haben. War früher wichtig, einfach möglichst große Stückzahlen zu produzieren, sollte jetzt der Gewinn ausschlaggebend sein. Dessen Höhe hängt neben der Produktivität der Produktion maßgeblich von dem für die Direktoren wirklich Neuen ab – vom Absatz. Das Handeln der russischen Direktoren war und ist zu großem Teil an den technischen Möglichkeiten der Betriebe und wenig in der

170 Ebenda; S. 31.
171 Vgl. Hertz, 1997; S. 18f.
172 Vgl. Gutnik, 1996; S. 31.

Nachfrage orientiert.[173] Dabei ist zu beobachten, daß inzwischen faktisch alle Unternehmen in der einen oder anderen Form Marketing als Komplex von Instrumenten nutzen. Die Integration des Marketing in die Unternehmensführung befindet sich jedoch erst in den Anfängen. Von Marketing als Geschäftsphilosophie wird noch kaum gesprochen.[174] Deutlich wird dies z.B. daran, daß die Dienste von Marktforschungsagenturen zu überwiegendem Teil von westlichen Unternehmen in Anspruch genommen werden.[175] Viele Betriebe wissen noch immer nicht, wer ihre Konkurrenten sind.[176] Marktforschung und Kundenbindung wird häufig wenig Wert beigemessen.[177] Dabei bremst die russische Industrie die ungenügende Orientierung am Kunden wahrscheinlich stärker als ihre technischen Beschränkungen. Ein Beispiel hierfür ist die Luftfahrtindustrie. Die Russen bauen Hubschrauber, die höher fliegen als die gesamte Konkurrenz und das größte Flugzeug auf dem Flugzeugmarkt. Potentielle Kunden werden aber u.a. vom schlechten Kundendienst abgeschreckt. Man verkauft ihnen das Gerät und läßt sie damit allein. Weder Wartung oder Ersatzteile, noch technische Weiterentwicklung oder sonstiger Service sind garantiert. So verspielt man selbst die Vorteile einer Monopolstellungen auf dem Weltmarkt.[178] Bei den Befragungen im Rahmen dieser Arbeit sollten die Vertreter der deutschen Firmen auch einschätzen, wie marktorientiert russische Führungskräfte seien. Eine deutliche Tendenz zum Positiven oder Negativen war bei der kleinen Stichprobe nicht feststellbar (alle Ergebnisse im Anhang in *Tabelle 3*).

Marketing als Unternehmensphilosophie hat sich auch im Handel noch wenig durchgesetzt hat. So ist das Personal im Einzelhandel tendenziell schlecht über das Ladensortiment informiert, unfreundlich und am schnellen Umsatz interessiert. Selbst offensichtlich berechtigte Reklamationswünsche führen schnell zum Streit. Der Kunde wird noch immer eher als Bittsteller als als König angesehen. Teilweise ist die geringe Kundenorientierung sogar gepaart mit vorsätzlichem Betrugswillen. Ausländische Unternehmen sollten sich dieser Problematik bewußt sein, weil Fehlberatung natürlich zu schwer wieder gutzumachenden Imageschäden führen

[173] Ebenda; S. 42f.
[174] Vgl. Krylow, 1998; S. 25 und S. 100.
[175] Vgl. Wadenpohl, 1998; S. 20.
[176] Vgl. Annjenkow/Awilowa; 1998; S. 17.
[177] Vgl. Alpuchov, 1997; S. 84 ff.
[178] Vgl. Onufpiev, 11.05.98; S. 26ff.

kann. Westliche Anbieter können versuchen, durch Transfer von Management-Know-how und Schulungsmaßnahmen die Situation zu verbessern.[179] Auf der anderen Seite verbirgt sich hinter der geringen Nachfrageorientierung der russischen Produzenten die Chance dieser Tage. Noch haben die westlichen Marketingspezialisten wie *Procter&Gambel*, *Coca Cola* oder *Phillip Morris* wenig Mühe, einheimische Anbieter mit durchdachten Vermarktungsstrategien vom Markt zu verdrängen.[180] Zweifellos können auch kleine Unternehmen von diesem Zustand profitieren. In der Hoffnung auf Besserung der Rahmenbedingungen in Rußland heißt es, sich heute Marktanteile zu sichern. Zur Zeit können sich russische Erzeugnisse bezüglich des Produktdesigns, der Verpackung, der ergonomischen Gestaltung und des Service nicht mit westlichen messen.[181] Der Konkurrenzkampf mit den russischen Unternehmern wird jedoch ganz sicher härter, sobald diese mehr Markterfahrungen haben. Verbesserungen bezüglich der Produktqualität, der Verpackung oder Vermarktung sind bereits unübersehbar.

In einem kleinen Exkurs lohnt es, ein aus der sowjetischen Wirtschaftspraxis hervorgegangenes Tauschsystem zu betrachten. In Rußland ist aus verschiedenen Gründen geldloser Tausch weit verbreitet. Im Jahr 1997 soll ein Drittel der russischen Unternehmen ihre Produktion zu mindestens 70 Prozent über Bartergeschäfte abgewickelt haben.[182] Worauf beruht die überdurchschnittliche Beliebtheit dieser Vertriebsform? Zum einen wird genannt, daß die schlechte Liquidität der Kunden den Absatz ohne dieses Mittel einfach unmöglich machen würde. Zum zweiten gelingt es auf diese Weise, Gewinne vor neugierigen Beamten und der Mafia zu verstecken. Wirklich interessant scheint jedoch eine dritte Betrachtungsweise. Nach der Abschaffung der zentralen Planungsbehörde, die wie bereits oben beschrieben Ressourcen und Endprodukte verteilte, hatte sich noch nichts an der Wirtschaftsstruktur des Landes geändert. Man war weiter auf die alten Lieferanten angewiesen, da deren Produktion genau auf die Bedürfnisse ihrer Kunden ausgerichtet war und die Produktion sich substituierender Güter in der Sowjetunion vermieden wurde. Die Beschaffung über den Weltmarkt ist schwierig, da dort entweder die benötigten Produkte nicht angeboten werden oder nur zu hohen Devisenpreisen. Über die verfügt man jedoch nicht in ausreichendem Maße, weil die

[179] Vgl. Wadenpohl, 1998; S. 107.
[180] Vgl. o.V.; bfai-Info Osteuropa, 12/98 (3); S. 29ff.
[181] Vgl. Kaschin, 1998; S. 51f.
[182] Vgl. Aukuzionek, 1998; S. 51f.

eigene Produktion nicht konkurrenzfähig ist. Nach alter Gewohnheit produzieren viele Werke unbeeindruckt weiter, so daß sich ihre Endprodukte in den Lagern stapeln und damit zusammenhängend kein Geld für den Kauf von Vorprodukten in die Kassen kommt. Genauso geht es aber auch ihren Lieferanten. Damit beide überleben, tauscht man Vorprodukte gegen Endprodukte, die wiederum weitergetauscht werden können. Funktionieren kann das ganze System, weil am Ende auch Steuern und Löhne in Naturalien gezahlt werden. 1997 sollen 40 Prozent aller Steuern geldlos gezahlt worden sein.[183] Es ist davon auszugehen, daß die gelieferten „Steuern" tendenziell zu hoch bewertet sind. Auch muß der Staat sich nun Gedanken machen, wie er die Güter verkaufen kann. In diesem Zusammenhang muß auch gesehen werden, wenn von staatlicher Seite darüber nachgedacht wird, statt finanzieller Hilfen, Bedürftigen Naturalien als Sozialhilfe zu geben. Es wurde praktisch trotz Abschaffung der Planungszentrale das alte Verteilungssystem aufrechterhalten. Doch auch damit noch nicht genug. Die Unternehmen zahlen nicht nur Vorprodukte und Steuern in Naturalien, sondern auch die Löhne. Der „Vertrieb der Löhne" findet dann meist um das Werk herum statt. Dort sieht man dann nach Feierabend die Angestellten mit Autoreifen, Spielzeug oder Bekleidung an der Straße stehen. Eine neuere Variante funktioniert folgendermaßen: Ein Zwischenhändler gibt dem produzierenden Unternehmen einen Kredit, der an die Arbeiter als Lohn ausgezahlt wird. Im Gegenzug erhält der Händler Waren, die er verkauft oder tauscht. Das interessante dabei ist, daß der Lohn nur in den Geschäften des Händlers ausgegeben werden kann. Dort kann er die Produkte loswerden, die er bei anderen Unternehmen eintauschte.[184] Eine derartige Konsumbevormundung, die stark den Charakter eines Truck-Systems trägt, hatte sich nicht einmal der sowjetische Staat gewagt. Die Unternehmensleiter müssen sich keine Gedanken um die Absatzfähigkeit ihrer Produkte machen. Wichtig ist nur, daß sie in das Tauschsystem hineinpassen. Innovationen werden erneut kaum gefördert, wenn man so gut wie alle Forderungen mit eher willkürlich bewerteten Gütern zahlen kann. Auf diese Weise kann sich das Bewußtsein (nicht selten die Illusion) halten, daß es zwar jemanden gibt, der die Produkte braucht, dieser nur lediglich nicht zahlungsfähig ist.[185]

---

[183] Vgl. Gaddy / Ickes 1998.
[184] Vgl. Fujitsu-Pressemitteilung; vgl. Falk, Thomas.
[185] Vgl. Gutnik, 1996; S. 43.

Was ergibt sich daraus für ausländische Unternehmen? Zum einen sichert dieses System das Überleben vieler Betriebe, damit Beschäftigung und eine gewisse Kaufkraft. Auf der anderen Seite reduziert sich dadurch natürlich beträchtlich das frei verfügbare Einkommen. Es gelingt russischen Unternehmen u.U. westliche Produkte sogar dann zu verdrängt, wenn sie qualitativ besser und billiger sind. Wer einen Autoreifen als Lohn erhalten hat, wird sich auch dann nicht noch einen besseren von seinem beschränkten Gehalt kaufen, wenn er glücklicherweise gerade einen brauchte. Weiterhin erschwert der Sachverhalt eine reelle Unternehmensbewertung z.B. im Zusammenhang mit Übernahmeüberlegungen von Produktionsstätten oder Bonitätsprüfungen, da die Schätzung von Einnahmen- / Ausgabenrelationen oder des Absatzpotentials eher aus der Luft gegriffene Werte liefern. Das System erhält damit eine Wirtschaft am Leben, in der es aus unterschiedlichen Gründen kaum liquide Mittel gibt, es bewahrt die alten sowjetischen Führungskräfte vor zu großer Beschäftigung mit der Marktwirtschaft und wirkt protektionistisch.

Zunehmend suchen aber auch westliche Firmen nach Absatzmöglichkeiten über Gegengeschäfte. Barter waren schon im Außenhandel mit der Sowjetunion üblich. Nach Abschaffung des Außenhandelsministeriums, das immer einen bestimmten Warenkorb an Produkten zum Tausch anbot, mußten sich hier jedoch neue Strukturen bilden. Heute stellt sich das Problem, einen russischen Partner zu finden, der zum einen über ein Produkt verfügt, das auf dem Weltmarkt konkurrenzfähig ist, der die deutsche Ware benötigt und zusätzlich über notwendige logistische Voraussetzungen verfügt. Da das Finden eines solchen Partners sehr zeitaufwendig und schwierig ist, entstanden Mitte der Neunziger Jahre Außenhandelsgesellschaften, die auf russischer Seite nach konkurrenzfähigen Produkten suchen, welche sich für Gegengeschäfte eignen. Ein weiterentwickeltes System, das auf diesem Grundprinzip beruht, ist das Warenaustauschprogramm der *Deutschen Clearing und Countertrade GmbH (DCCG)*.[186]

Neben dem besonderen Verständnis von Vertrieb und Absatz herrschte ein für westliche Manager ungewöhnlicher Führungsstil in den meisten sowjetischen Betrieben vor. Dieser ist geprägt von klarer Statushierarchie und Befehlsplanung.[187] *Gutnik* beschreibt es folgendermaßen: „Das Arbeitskollektiv war eine Ersatzfamilie und sein Leiter war das archaische Oberhaupt, das Entscheidungen traf, Ver-

---

[186] Vgl. Meister/Sach, 1996; S. 74ff.
[187] Vgl. Saizew, 1998; S. 48f.

antwortung trug, lobte, bestrafte und schlichtete."[188] Heute fällt es einigen Direktoren schwer, einzusehen, daß sie z.t. nicht mehr der alleinige Herrscher über *ihr* Reich sind. Es gibt immer noch Fälle, in denen Unternehmensdirektoren unliebsame Aktionäre von Hauptversammlungen ausschließen und mit keinen Konsequenzen zu rechen haben.[189] Mit allen Mitteln wird teilweise versucht, sich die Kontrolle über die Betriebe zu sichern und die Rechte der Aktionäre einzuschränken.[190] Schlechte Erfahrungen mußte diesbezüglich das deutsche Unternehmen *Knauf* machen. Der ehemalige Generaldirektor eines Werks in Krasnodar widersetzte sich der Übernahme durch die Deutschen und verwehrte Unternehmensvertretern den Zugang zum Werk.[191] Der Fall entschied sich vor Gericht nach zweijährigem Rechtsstreit zu Gunsten von *Knauf.*

Verbunden mit dem auch hier wieder auftauchenden Motiv des gerechten allmächtigen Lenkers war aber auch eine gewisse Familiarität in den Betrieben. Sämtliche Bedürfnisse der Angestellten in Bezug auf materielle Entlohnung, Sicherheit, Weiterbildung, Selbstverwirklichung oder emotionale Identifizierung sollten innerhalb des Betriebes befriedigt werden. Die sowjetischen Betriebe sicherten die Sozialversorgung. Wurde dieses Sozialsystem zwar grundsätzlich zerstört, unterhalten viele Unternehmen noch immer Kindergärten, Arbeiterwohnungen oder landwirtschaftliche Unterabteilungen zur Sicherstellung der Versorgung mit Nahrungsmitteln.[192] Der Betrieb sicherte die lebenslange Anstellung und es gab ein innerbetriebliches Karrieresystem, wobei die Lohnhöhe und Karriere in erster Linie von den Dienstjahren und dem Verhältnis zu den Vorgesetzten abhängig war.[193]

Auch hier verstecken sich offensichtliche interkulturelle Konfliktpotentiale. Westliche Manager sehen entsprechende soziale Einrichtungen meist als unnötige Kostenposten und versuchen, sie so schnell wie möglich auszugliedern. Das ist nicht immer einfach. Entsprechende Problematik soll in *Kapitel 5.6.* aufgegriffen werden. Außerdem werden sich deutsche Führungskräfte mit einem solchen, hierzulande nicht mehr als zeitgemäß erachteten Führungsstil schwer tun. Sowohl bei

---

[188] Vgl. Gutnik, 1996; S. 31.
[189] Vgl. Eigendorf, 1998 (1); S. 61.
[190] Vgl. Joudanov, 1998; S. 81.
[191] Vgl. o.V.; OSTinvest, 23.10.98; S.10.
[192] Vgl. Gutnik, 1996; S. 45.
[193] Vgl. Ogurzov, 1997; S. 95.

Arbeitern und Angestellten als auch in den Führungsetagen wird der Generaldirektor noch immer häufig wie ein Fürst gesehen, der uneingeschränkte Weisungsbefugnis gegenüber seinen Untergebenen hat und diese kaum mehr eigene Entscheidungen treffen, sondern nur noch ausführende Organe sind.[194] Deutsche Manager werden mit solchen Vorgesetzten genauso Probleme haben, wie mit entsprechenden Mitarbeitern. Ist an diesem Führungsstil auch viel zu kritisieren, soll trotzdem vor der Illusion gewarnt werden, man könne innerhalb kürzester Zeit mit neuen Organisationsstrukturen ein wie in Deutschland arbeitendes Unternehmen schaffen. Hierfür ist ein Umdenken und ein Wandel der Einstellungen bei allen Beteiligten nötig. Nur über eine Veränderung der Wertvorstellungen und sozialen Strukturen ist eine wirkungsvolle und tragfähige Umgestaltung der Unternehmenskultur möglich.[195] Da sich solch ein Prozeß jedoch nicht von heute auf morgen vollzieht, ist ein Entgegenkommen, sind Kompromisse unvermeidlich. Vielleicht wird ja auch längerfristig in Rußland ein vom deutschen abweichendes Führungssystem größeren Erfolg versprechen. In einem deutsch-russischen Führungsteam stehen sich damit zwei stark unterschiedlichen Denkweisen gegenüber. Die einen haben Erfahrung und auf ihre Weise Erfolg mit dem an die äußeren Gegebenheiten angepaßten Handeln. Die anderen versuchen, ihre wohldurchdachten und bereits bewährten Strategien durchzusetzen. Es sollen dabei nicht die in Schutz genommen werden, die sich nicht von dem Denken lösen wollen, daß das, was man 15 Jahre erfolgreich praktizierte, nicht schlecht sein kann. Selbst wenn erkannt wird, daß in bestimmten Bereichen Kenntnisse nicht vorhanden sind, fehlt häufig die Überzeugung, daß sie nötig sein könnten. Auf der anderen Seite ist in vielen Bereichen bereits in großem Maße Wissen vorhanden, trägt aber leider zu oft lediglich abstrakten und nicht konstruktiv-gehaltvollen Charakter.[196] Und diese Schwächen finden sich nicht nur bei Russen.

5.4.2. Die neuen Russen

In der postsowjetischen Epoche existieren zwei Bewertungen von Unternehmensgeist und Unternehmern. Die erste, eher positive, beruht auf der Erkenntnis, daß sich das sowjetische System gegenüber einem marktwirtschaftlichen als wenig konkurrenzfähig erwies. Die zweite, eher negative, hat ihren Ursprung in der aktu-

---

[194] Vgl. Holtbrügge, 1996 (1); S. 34.
[195] Vgl. Dülfer, 1996; S. 38.
[196] Vgl. Murzova/Lavrineko, 1997; S. 107 ff.

ellen Entwicklung. Das wirtschaftliche Leben ist geprägt von spekulativem Kapital, mafiösen Strukturen, bestechlichen Beamten, ungerechter Verteilung des Staatseigentums und Verarmung eines Großteils der Bevölkerung.[197] Zur Entstehung dieses zweiten Bildes hat ein Personenkreis maßgeblich beigetragen, der in Rußland allgemein die „Neuen Russen" genannt wird. Mit diesem Begriff sind primär negative Assoziationen verbunden. Sie suchen spekulativ schnelle Gewinne, weshalb man sie vor allem in Branchen mit schnellem Kapitalumschlag wie dem Handel oder dem Markt der Finanzdienstleistungen findet. Mit zweifelhaften Methoden sind sie über Nacht zu großem Reichtum gekommen und zeigen diesen stolz. Rücksichtslos und mit allen Mitteln, sei es Bestechung, Erpressung oder gar körperliche Gewalt, verfolgen sie ihre Ziele. Sie bilden eine Anti-Rechts-Subkultur, in der Macht und Gewalt über Produktivität stehen und fühlen sich belästigt von beliebigen Normen, in erster Linie von moralischen.[198] In dem Bewußtsein, alles und jeden kaufen zu können, sehen sie sich weder durch geschriebene noch durch ungeschriebene Normen außerhalb ihrer Welt beschränkt. In das Wertesystem der „Neuen Russen" sind maßgeblich Elemente des Verhaltenskodex der kriminellen Welt, der sich zu Sowjetzeiten herausbildete, eingeflossen. Sie sind zu großem Teil die Manager der Betriebe, von denen man sagt, daß sie von kriminellen Strukturen kontrolliert werden.

In ihrer Lebensweise orientieren sich die „Neuen Russen" an der Vorstellung des Lebens eines „West-Menschen", versuchen ihr Leben in Rußland so einzurichten, wie sie glauben, daß die Menschen dort leben. Der „Neue Russe" liebt Statussymbole und zeigt, was er hat.[199] Er ist der Hauptnachfrager des „Marktes für Reiche", der sich vor allem in Moskau gebildet hat. Dieser umfaßt teure Autos, exklusive Kleidung und andere Luxusgegenstände. Für die kleine zahlungskräftige Schicht Rußlands werden elitäre Wohnhäuser errichtet und wird der Dienstleistungssektor ausgebaut.[200] Im „Neuen Russen" findet man den Stereotyp des Kapitalisten aus der Sowjetideologie.

---

[197] Vgl. Stepin, 1997; S. 27f.
[198] Vgl. Panarin, 1997; S. 46 + S. 49.
[199] Vgl. Radaew, 1997; S. 85; vgl.Baumgart/Jäncke, 1997; S. 105.
[200] Vgl. Karulnik, 1997; S. 36ff.

5.4.3. Westlich orientierte Manager

Zur Gruppe der westlich orientierten Manager sind zum einen Führungskräfte aus dem westlichen Ausland zu zählen, aber auch vor allem junge Absolventen von russischen Business Schools und Universitäten sowie Manager und Absolventen, die im Ausland Erfahrungen gesammelt haben. Alljährlich kommen zahlreiche Austauschstudenten aus Rußland nach Deutschland. Sie verfügen i.d.R. über gute Sprachkenntnisse und zeigen großes Interesse an Praktika in deutschen Unternehmen. Vor allem aus dieser Gruppe versuchen deutsche Firmen ihr Führungspersonal in Rußland zu rekrutieren. So setzt z.B. die *Dresdner Bank AG* bei ihrer Personalsuche auf junge Studenten, die ein längeres Auslandspraktikum in der deutschen Mutterbank absolvieren und dann nach Abschluß des Studiums in der russischen Tochter eingesetzt werden. Doch auch hier sieht man das Problem, die hochqualifizierten und motivierten jungen Leute dazu zu bringen, zuverlässig für das Wohl des Kunden und der Bank zu arbeiten.[201]

Vorhalten kann man einigen westlich orientierten Managern eine gewisse Arroganz. Führende Vertreter des russischen Investorenverbandes kritisieren an ausländischen Managern, daß sie gewohnt sind, unter gewissen standardisierten Bedingungen zu arbeiten und erwarten, daß ihre russischen Partner Anforderungen erfüllen, die für diese unverständlich sind und von ihnen nicht als notwendige Bedingung akzeptiert werden.[202] Selbst junge Russen, oder gerade sie, fühlen sich nach längerer Zeit aus dem Ausland zurückkehrend nicht selten allwissend und es gibt genügend Beispiele, wo sie mit besten Vorsätzen und viel Management-Know-how an der russischen Realität gescheitert sind.

5.4.4. Deutsch-russische Zusammenarbeit in den Führungsetagen

Russische Führungskräfte können in ein deutsch-russisches Führungsteam in erster Linie ihre Kenntnis der Gegebenheiten und ihre, uns zuweilen exotisch erscheinenden Problemlösungsstrategien einbringen. Durch ihr kulturelles Verständnis besitzen sie Vorteile im Umgang mit dem Personal sowie mit Verhandlungs- und Geschäftspartnern. Gelegentlich wird auch auf die größere Marktkenntnis der Russen verwiesen, wobei man in diesem Zusammenhang mit seinen Erwartungen vorsichtig sein sollte. Zum einen ist der russische Markt an sich noch sehr jung und die Russen hatten auch mit dem Hintergrund der schwer zu beschaffenden Infor-

---

[201] Vgl. o.V.;„Dresdner Bank AG, ...“; 1997; S. 8.
[202] Vgl. o.V.; Wostok 3/97 (1); S. 28f.

mationen kaum mehr Zeit, ihn zu studieren, als ausländische Firmen. Außerdem arbeiten russische Führungskräfte, wie oben schon erläutert, vielfach noch nach dem alten Denkmuster, wonach sich der Absatz von selbst ergibt, wenn die Produktion gut organisiert ist. Die *Wella AG* machte hier z.b. schlechte Erfahrungen. Während ihr Produktions-Joint-Venture zufriedenstellend lief, scheiterte das Vertriebs-Joint-Venture aus diesen Gründen.[203]

Einen Beitrag zur Annäherung der Denkweisen könnten Auslandsaufenthalte auf beiden Seiten leisten. Die Russen hätten die Möglichkeit, sich ein Bild von der Arbeit eines Unternehmens in einer stark nachfrageorientierten Wirtschaft zu machen und Ideen zu sammeln, wie das Arbeiten in Rußland verbessert werden kann. Die Deutschen auf der anderen Seite könnten sich mit der Situation in Rußland vertraut machen.[204] Bedeutend für die Lösung interkultureller Probleme ist das Bemühen um ein persönliches Vertrauensverhältnis. Ziel- und Verhaltenskonflikte sollten frühzeitig aufgedeckt werden. Regelmäßige Arbeitssitzungen und permanente Rückfragen helfen Mißverständnisse auszuräumen. Bei der Bildung einer einheitlichen Unternehmenskultur in einem Joint Venture wurden gute Erfahrungen mit schriftlich fixierten verbindlich definierten Schlüsselbegriffen gemacht. Das Wertesystem und Verständnis der Führungskräfte beider Seiten läßt sich auch im Rahmen von Weiterbildungsprogrammen beeinflussen.[205] Gelingt es nicht, Konflikte intern zu lösen, können u.U. Beratungsfirmen als Vermittler engagiert werden.[206]

Dieses Kapitel abschließend soll der Frage nachgegangen werden, welches Bild die Führungskräfte beider Seiten voneinander haben und wie sie ihr Verhältnis sehen. Bei der Befragung im Rahmen dieser Arbeit sollten die Vertreter der deutschen Firmen die Ausprägung bestimmter Eigenschaften bei russischem Führungspersonal einschätzen. Dabei wurde das Vorurteil der mangelnden Eigeninitiative von fast 70 Prozent der Befragten bestätigt. Langfristiges Denken konnte nur ein Viertel der Befragten feststellen. Dafür sprachen ihnen knapp 18,2 Prozent eine sehr stark und 51,5 Prozent eine tendenziell stark ausgeprägte Spontaneität im Erkennen von Chancen zu. Knapp 60 Prozent der Antwortenden hielten die Russen für eher inflexibel und etwas mehr für wenig teamfähig. Hätte man vielleicht

[203] Vgl. Uhlmann, G; 1997; S. 6.
[204] Vgl. Eggers/Eickhoff/Dimant, 1996; S.136.
[205] Vgl. Holtbrügge, 1996 (1); S. 34f.
[206] Vgl. o.V.; Wostok 3/97 (1); S. 28f.

erwarten können, zumindest gute Organisatoren in den Russen zu finden, war hier keine Tendenz ersichtlich. Auch bei der Zuverlässigkeit ist das Bild unter den Deutschen gespalten, wobei sich ein bereits ausreichend negatives Bild ergibt, wenn die Hälfte der Befragten sie für eher unzuverlässig hält. Wenig schmeichelhaft, in Anbetracht der offensichtlich wahrgenommenen Schwächen, wurden ihnen folgende Persönlichkeitsmerkmale am stärksten zugeschrieben: Für sehr selbstbewußt hielten russische Manager 51, 9 Prozent und für tendenziell selbstbewußt weitere 41,2 Prozent. Stark ausgeprägte Autorität beobachteten 93,9 Prozent *(alle Ergebnisse im Anhang in Tabelle 3)*.

Entsprechend einer von der Unternehmensberatung T.W.I.S.T. durchgeführten Befragung deutscher und russischer Führungskräfte im Jahre 1994[207] schätzten die Deutschen an den Russen deren Wärme und Herzlichkeit, störten sich aber an ihrer Passivität, Maßlosigkeit, Faulheit und Arroganz. Russische Führungskräfte dachten auf der anderen Seite über ihre deutschen Kollegen, daß sie genau, tüchtig, zuverlässig, ehrlich aber auch arrogant und inflexibel sind, sowie einen Drang zur Überlegenheit besitzen. Die Deutschen zeigten sich bei der Einschätzung, welches Bild die andere Seite von ihnen hat, weitaus selbstbewußter als die Russen. Trotzdem glaubte die Mehrzahl in beiden Lagern, daß eine gute Zusammenarbeit möglich ist. Ursache für Schwierigkeiten werden in erster Linie in Unterschieden im Arbeitsstil gesehen. Russen nennen des weiteren Unterschiede in den Spielregeln im zwischenmenschlichen Bereich, Deutsche haben Probleme mit russischen ethisch-moralischen Wertvorstellungen und dem Zeitverständnis.[208] Erwähnenswert scheint, daß in dem sonst recht chauvinistischen Rußland Frauen in Führungspositionen keine Seltenheit sind und auch deutsche Firmen, wie z.B. die *Wella AG*, gute Erfahrungen mit weiblichen Managern machten.[209]

5.5. Russische Konsumenten

In Anbetracht dessen, daß Rußland von den meisten westlichen Unternehmen in erster Linie als Absatzmarkt angesehen wird, scheint es interessant Einstellungen und Gewohnheiten der Russen in Bezug auf das Nachfrageverhalten zu betrachten. Es gibt bisher wenig fundierte veröffentlichte Untersuchungen zu diesem Thema.

---

[207] Vgl. o.V.; T.W.I.S.T. Unternehmensberatung München; 1994.
[208] Vgl. Baumgart/Jäncke, 1997; S. 91ff.
[209] Vgl. Uhlmann, 1997; S. 6.

Die meisten tragen den Charakter subjektiver Einschätzungen. Immer wieder wird auch in diesem Zusammenhang auf die Besonderheiten der „Russischen Seele" hingewiesen. Wie sich diese jedoch im Konkreten äußert, sehen verschiedenen Autoren sehr widersprüchlich. Gewisse Eigenheiten sind jedoch zweifellos existent.

5.5.1. Zur Kaufkraft

In einem kleinen Exkurs sollen vor der Betrachtung von Besonderheiten des russischen Konsumenten zunächst seine finanziellen Möglichkeiten beleuchtet werden. Die Kaufkraft der russischen Bevölkerung ist schwer zu schätzen. In den offiziellen Statistiken sind weder die inoffiziellen Einkommen noch die verzögerten oder in Naturalien gezahlten Löhne berücksichtigt. Zahlen zu den Lohn-, Renten-, Sold- und sonstigen Rückständen werden noch relativ regelmäßig veröffentlicht. Welcher Anteil der Löhne geldlos gezahlt wird, liegt völlig im Dunkeln. Auch die Höhe der versteckten Einkommen ist schwer zu beziffern. Der Anteil der real gezahlten Löhne am Einkommen scheint zugunsten nichtoffizieller Beschäftigung zu sinken.[210] Interessant sind in diesem Zusammenhang die Ergebnisse einer Pilotumfrage des *RUFI Moskau* bei der im Oktober 1998 290 Kleinunternehmer befragt wurden. Die Interviewten gaben z.B. an, daß ihre wirkliche Beschäftigungszahl durchschnittlich 70 Prozent über der dem Fiskus gemeldeten liegt, der Reallohn durchschnittlich 90 Prozent niedriger gemeldet wird und der Umsatz über 300 mal so hoch ist wie angegeben.[211]

Eine weitere Erscheinung, die bei der Bewertung der verfügbaren Einkommen und der Bedürfnisstruktur der Konsumenten mit einbezogen werden muß, ist der hohe Grad der Selbstversorgung. In den Kleingärten, den Datschen werden Kartoffeln, Kohl, Obst und Gemüse angebaut. Hinzu kommt was die Natur sonst bietet, wie Pilze, Beeren, Wild und Fische.[212]

Die Kaufkraft konzentriert sich im europäischen Teil und in den Großstädten, wo der Großteil der gehobenen Schichten lebt. Moskau und St. Petersburg nehmen erneut eine Sonderstellung ein. Aufgrund des relativ hohen Lebensstandards existieren dort überdurchschnittliche Absatzchancen.[213] Gleichzeitig ist die Wettbe-

210 Vgl. Mramornova/Kalaschnikov, 1997 ; S. 119ff.
211 Vgl. Tscherpurenko, A. 1998.
212 Vgl. Koslatschkow, 1998; S.62ff.
213 Vgl. Reymann, 1998; S.26 + S.28.

werbsintensität gerade im großstädtischen Handel mit Standardartikeln schon sehr hoch.[214] Doch nicht nur dort trifft man in Rußland altbekannte Konkurrenten wieder.[215]

Abgesehen davon, daß sich die Kaufkraft so schlecht schätzen läßt, ist ihre Entwicklung ungewiß.[216] Das erschwert die Festlegung der Unternehmensstrategie. Die Gefahr der Inflation ist trotz hoher Ölpreise nicht gebannt.. Dramatisch sank die Kaufkraft mit der Abwertung des Rubels im August 1998. Laut den Angaben des „Russian European Center for Economic Policy" lag das offizielle Realeinkommen im Juli 1998 nur rund 5 Prozent unter dem Niveau von 1995. Im September 1998 waren es nur noch 69 Prozent des Vergleichswertes aus dem Jahre 1995.[217] Inzwischen reicht das Familieneinkommen des größten Teils der Russen fast nur noch für die Befriedigung der grundlegendsten Bedürfnisse.[218] Kaum mehr Mittel sind für Gebrauchsgüter verfügbar. Das *GfK-FESSEL-Instituts* fragte 1996, für welche Güter man gern mehr Mittel zur Verfügung hätte. Geantwortet wurde: 1. für Nahrungsmittel und andere Haushaltsausgaben – 58 Prozent; 2. Kleidung: 44 Prozent; 3. Wohnungsausstattung – 32 Prozent; 4. Urlaub – 29 Prozent; 5. Haushaltsausstattung – 22 Prozent; 6. Bücher/Zeitschriften – 16 Prozent; 7. Auto/Motorrad/Mofa: 16 Prozent.[219]

5.5.2. Marketingrelevante Besonderheiten russischer Endverbraucher

Führende Vertreter des russischen Investorenverbandes beschreiben den russischen Käufer folgendermaßen: Er ist es gewohnt, minderwertige Produkte zu verbrauchen und bereit, Waren zu kaufen, die nicht so teuer und hochwertig wie im Westen, wohl aber teurer und besser als russische Erzeugnisse sind.[220] Die größten Wachstumspotentiale gibt es demnach in den mittleren und unteren Preisklassen.[221] Das haben auch russische Produzenten erkannt und versuchen, ausländische Kon-

214 Vgl. o.V.; Ost-Markt, 10.08.98; S. 7.
215 Vgl. o.V.; Ost-Wirtschafts-Report, 20.02.98 (1); S. 71.
216 Vgl. Buikova, 1997; S. 35ff.
217 Vgl. Russian European Centre for Economic Policy; 1998; S. 20.
218 Vgl. Zemljanuina, 1997, S. 116 ff; vgl. o.V.; bfai-Info Osteuropa, 26/98; S. 19f.
219 Vgl. Mittel- und Osteuropa - Jahrbuch 1997/98 – Band 2; S. 98.
220 Vgl. o.V.; Wostok 3/97 (1); S. 28f.
221 Vgl. o.V.; bfai-Info Osteuropa 12/98 (2); S. 20 ff; vgl. o.V.„Märkte der Welt", 1998 (1); S. 14.

kurrenten immer stärker über den Preis auszustechen. Gerade im Zuge der erneuten drastischen Verringerung der Realeinkommen und der Verteuerung der Importe im Zuge der Rubelabwertung vom August 1998, wird versucht, billigste Ware zu verkaufen.[222] Die Strategie erscheint sinnvoll, da auf vielen Märkten westliche Marken von den Konsumenten zwar häufig bevorzugt werden, wie Marktbeobachter bemerken, sich die Preiselastizität der Nachfrage mit der Krise jedoch beträchtlich erhöhte.[223] Die ohnehin schon kleine russische Mittelschicht, die wichtiger Nachfrager von Importwaren ist, schrumpfte weiter. Die Menschen kaufen nicht weniger, aber billiger.[224] Der russische Normalbürger sucht nicht das Extravagante. Wichtig ist das gute Preis-Leistungsverhältnis.[225] Bei der Verfolgung einer Preisführerschaftsstrategie stehen ausländische Unternehmen vor dem Problem, daß einheimische Produkte zwar qualitativ schlechter eingeschätzt werden als ausländische, man bei einem niedrigen Preis bei Importprodukten aber schneller auf niedrige Qualität schließt.[226] Im Niedrigpreissegment sind neben russischen Herstellern auch Anbieter aus Schwellenländern vertreten. Waren vor allem aus China, Indien oder der Türkei haben aber mit starken Qualitätsimageproblemen zu kämpfen.[227]

Aus einer Umfrage der Agentur *Ri-Wita Marketing* im Jahre 1996 geht hervor, daß für fast zwei Drittel der Befragten das Herstellungsland ein wichtiger Faktor der Kaufentscheidung ist. Die Vorjahre betrachtend, war eine deutlich steigende Tendenz zu beobachten.[228] Auf den meisten Märkten sind die Absatzchancen für westliche Anbieter sehr gut.[229] Westliche Waren haben bezüglich der Qualität vor allem bei technisch anspruchsvolleren Gütern wie Elektronik und Kraftfahrzeugen ein sehr gutes Image. Aber auch bei Verbrauchsgütern ist diese Tendenz zu beobachten. Zum Beispiel wurde der Marktanteil ausländischer Marken im Hautpflegebereich zwischenzeitlich auf 90 Prozent geschätzt. Einige Anbieter bemühten sich selbst bei in Rußland hergestellten Waren den Anschein zu erwecken, daß es sich

---

222 Vgl. o.V.; bfai-Info Osteuropa, 26/98; S. 19f.
223 Vgl. o.V.„Märkte der Welt", 1998 (1); S. 14.
224 Vgl. o.V.; Ost-Invest, 18.12.98; S. 8.
225 Vgl. o.V.; Ost-Wirtschafts-Report, 02.10.98; S. 397.
226 Vgl. Huddleston / Good, 1998; S.42f.
227 Vgl. Wadenpohl, 1998; S. 86f.
228 Vgl. Krylow, 1998; S. 93; (keine Angaben zum Erhebungsdesign)
229 Vgl. o.V. „Märkte der Welt", 1998 (1); S. 14; vgl. o.V. „Märkte der Welt", 1998 (2); S. 20; vgl. o.V. „Märkte der Welt", 1998 (4); S. 24.

um ein Importprodukt handle. Ein Beispiel ist die *Wella AG*, die ihre in Nishnij Nowgorod gefertigten Produkte mit „Wella Germany" beschriftete.[230] Auf der anderen Seite haben aber auch Country-of-origin Effekte in die andere Richtung eine nicht zu vernachlässigende Bedeutung.[231] Der Trend zum Konsumpatriotismus scheint zu wachsen. Neben dem Kostenaspekt ist dies sicher ein Grund, warum auch deutsche Firmen verstärkt vor Ort und mit möglichst vielen russischen Zulieferern produzieren. Die erste Welle, in der sich die Russen hungrig auf das neue unbekannte stürzten, verebbt. Auch in der Werbung sieht man, daß sich immer mehr Firmen positive Effekte davon versprechen, daß ihre Produkte als russische wahrgenommen werden. Auf dem Lebensmittelmarkt werden einheimische Produkte für gesünder und natürlicher gehalten.[232] Dabei bevorzugt man nicht nur allgemein russische Waren, sondern, wohl auch mit der Handelsstruktur zusammenhängend, in erster Linie in der jeweiligen Region hergestellte Nahrungsmittel.[233] In der Lebensmittelbranche mußten ausländische Marken Imageverluste hinnehmen, nachdem einige Anbieter offensichtlich versuchten, zwar schön verpackte, doch niedrigqualitative, ja minderwertige Produkten zu verkaufen. Viele Russen wenden sich nach schlechten Erfahrungen nicht nur von diesen, sondern allgemein von ausländischen Marken ab und bevorzugen wieder russische Erzeugnisse.[234] Es ist erstaunlich, wie häufig man Russen darüber klagen hört, daß sie z.B. nach dem Verzehr von Milchprodukten ausländischer Marken gar erkrankten. Zum Teil wurden diese Waren importiert, zum Teil aber auch mit veraltete Anlagen in Rußland hergestellt, die häufig noch zu Zeiten der UdSSR ins Land gebracht wurden.[235]

Gerade ausländische Firmen setzten heute beim Aufbau des Markenimages aggressiv auf den Konsumpatriotismus der Russen und ihre Angst vor einem Ausverkauf des Westens. Für Aufsehen sorgte eine breit angelegte Werbekampagne russischer Zigarettenmarken. Auf Plakaten und Anzeigen schwebte eine überdimensionale Zigarettenschachtel der Marke *Java-Solotaja* einem UFO gleich über der Silhouette New Yorks. Darunter war in großen Buchstaben zu lesen: „Vergeltungs-

[230] Vgl. Wadenpohl, 1998; S. 110ff.
[231] Vgl. o.V.; Ost-Markt; Nr. 15, 10.08.98; S. 7.
[232] Vgl. Wadenpohl, 1998; S. 113.
[233] Ebenda; S. 54f.
[234] Vgl. Kaschin, 1998; S. 52.
[235] Vgl. Holtbrügge, 1996 (2); S. 23.

schlag". Die beworbene Marke wird in einem Werk in Rußland von *British-American-Tobacco (BAT)* hergestellt, die außerdem auch noch ihre internationalen Marken wie z.b. Luky Strike vertreiben. Eigentlich alle in Rußland produzierenden westlichen Tabakkonzerne, verkaufen neben ihren Standardmarken auch die wesentlich billigeren heimischen Sorten.[236] Mit dieser zweigleisige Strategie sichern sie sich auch gegen eine Verschiebung der Nachfrage ins untere Preissegment ab, die in letzter Zeit zu beobachten ist. Interessant ist weiter, daß die Qualität der im Inland hergestellten Weltmarken niedriger eingeschätzt wird, als die der importierten Zigaretten, obwohl Blindgeschmackstests keinerlei Geschmacksunterschiede offenbarten.[237]

Ein Beispiel für eine zweigleisige Strategie auf dem Automarkt ist *General Motors (GM)*. Der Konzern plant den Aufbau von zwei Produktionsstätten. In einem fast komplett neuen Werk soll die bekannten internationalen Marken hergestellt werden. Außerdem hat man ein Joint Venture mit *AvtoWAS (Lada)* gegründet. *General Motors*-Vertreter weisen immer wieder explizit darauf hin, daß dort unter Nutzung des bedeutenden russischen Ingenieurspotentials ein russisch-deutsches Auto entstehen soll.[238] Mit dieser Strategie versucht man mehrere Effekte zu erzielen. Zum einen spielen die Potentiale der russischen Techniker und Wissenschaftler zweifellos eine Rolle. Auf der anderen Seite gelingt es so ein intensiver als russisches Produkt wahrgenommenes Auto herzustellen, verbunden mit dem Image der als hochqualitativ bekannten deutschen Automobile. Verstärkt wird der Ursprungsland-Effekt dadurch, daß ein beträchtlicher Teil der Zulieferer aus Rußland kommen soll. Auf diese Weise gelingt es natürlich auch noch, die Herstellungskosten zu senken, da das Lohnniveau dort niedriger ist und weniger Zölle zu zahlen sind. Der russische Staat bietet solchen Gemeinschaftsunternehmen Zollerleichterungen für die Einfuhr von Vorprodukten an. Ein ähnliches Projekt von *Daewoo* bringt bereits russisch-koreanische Fahrzeuge auf den Markt.

Der neugierige, experimentierfreudige und noch wenig markentreue russische Käufer bietet gute Chancen für Einsteiger. Der russische Markt ist gut formbar, die Präferenzbildung der Konsumenten weitreichend beeinflußbar.[239] Neulingen gelingt es mit guten Vermarktungskampagnen, scheinbar festgefügte Marktaufteilun-

---

[236] Vgl. o.V.; Ost-Invest, 18.12.98; S. 8.
[237] Vgl. Wadenpohl, 1998; S. 114.
[238] Vgl. Hermann im Interview, 1999; S. 38.
[239] Vgl. Wadenpohl, 1998; S. 77.

gen wieder durcheinander zu bringen.[240] Viele mittelgroße Unternehmen versuchen mit aggressiver Preis- und Kommunikationspolitik den „Großen" langfristig Marktanteile abzujagen. Ein Beispiel ist der deutsche Schokoladenhersteller *Stollwerck*. In Rußland konnte er sich einen beträchtlichen Marktanteil sichern, wenn er auch mit der August-Krise große Probleme bekam.[241] Hoffnungsvoll mag Marketingstrategen das größere Markenbewußtsein und die deutliche Bevorzugung ausländischer Marken bei Kinder stimmen. In Moskau verfügen Kinder schon heute über eine Kaufkraft von rund $ 40 Mio. pro Jahr.[242] Außerdem sind sie natürlich die Hauptnachfrager von morgen. Auch jüngere Erwachsene tendieren eher zu westlich verpackten Verbrauchsgütern, während die ältere Generation stärker Nicht-Markenartikel kauft.[243] Das Alter ist ein bedeutendes Kriterium bei der Segmentierung des russischen Marktes. Im allgemeinen ähnelt das Nachfrageverhalten der bis 25-jährigen stark dem westlicher Konsumenten, während sich bei über 30-jährigen alte Gewohnheiten ausgeprägter erhalten haben.[244] Große Unterschiede sind auch im Kaufverhalten von Stadt- und Landbevölkerung erkennbar. In den Städten findet man nicht nur 73 Prozent der Gesamtbevölkerung, sondern dort werden auch fast die gesamten importierten Waren nachgefragt.[245]

Auch in Bezug auf das Marketing lohnt es der besonderen Bedeutung persönlicher Beziehungen in Rußland Beachtung zu schenken. Im Rahmen einer internationalen Konferenz im Juni 1998 an der Lomonossow-Universität Moskau[246] wurde im Zusammenhang mit der Frage der Inanspruchnahme von Finanzdienstleistungen berichtet, daß persönliche Empfehlungen von Freunden, Verwandten oder Bekannten ausschlaggebend bei der Entscheidung für ein Angebot sind. Eine tiefgehende Auseinandersetzung mit den Vorzügen und Nachteilen eines Angebotes ist vielen lästig. Verträge werden nur ungern gelesen. Persönliche Empfehlungen

---

240 Vgl. „Märkte der Welt", 1998 (1); S. 14; vgl. auch Ruwwe, H.-F.; bfai – Tips für die Praxis; „Werbung in Rußland"; 1997; S. 16f

241 Vgl. o.V. Frankfurter Rundschau, 30.01.99; S. 14.

242 Vgl. Kaljanina, 22.02.99; S. 32.

243 Vgl. o.V.; Ost-Markt, 13.07.98; S. 6.

244 Vgl. Wadenpohl, 1998; S. 48f.

245 Ebenda; S. 55.

246 Die Konferenz hatte das Thema „Soziale und wirtschaftliche Transformation in den postsozialistischen Staaten: Probleme der Wirtschaftspolitik, Forschung und Lehre an höheren Schulen" Sie fand am 17/18. Juni 1998 an der Moskauer staatlichen Universität namens Lomonossow statt.

68

spielen nicht nur auf dem Finanzdienstleistungsmarkt eine herausragende Rolle bei der Kaufentscheidung. Dieser Sachverhalt legt nahe, verschiedenen Formen des Direktvertriebs besondere Aufmerksamkeit zu schenken. Schon heute sind z.b. kleine Händler weitverbreitet, die auf Großhandelsmärkten oder in Polen, der Türkei oder den Vereinigten Arabischen Emiraten eine begrenzte Menge an Waren einkaufen und dann mit oder ohne festem Verkaufsplatz in ihrer sozialen und örtlichen Umgebung verkaufen. Schätzungen zufolge wurden von solchen Kleinhändlern Mitte der 90iger Jahre 70 Prozent der importierten Kleidung und 30 Prozent der Audio-/Videogeräte ins Land gebracht.[247] Es ist zu überprüfen, inwieweit es sinnvoll und möglich ist, diese Händler zu suchen, zu fördern und in seine Dienste zu stellen. Für viele Markenartikler sind sie zur Zeit ein Problem, weil sie von den Herstellern unabhängig arbeiten und nicht kontrolliert werden können. Ihre Einbindung in die Marketingkonzeption des Unternehmens scheint überprüfenswert. Berücksichtigt man die Bedeutung persönlicher Empfehlungen in Rußland, wundert es nicht, wie erfolgreich die Firma *Mary Kay* auch in Rußland ihre Kosmetikartikel über Repräsentantinnen auf Haus-Verkaufsparties vertreibt. Die durchschnittliche Verkaufsleistung einer Verkäuferinnen lag in Rußland über der jedes anderen Landes, in dem die Amerikaner nach diesem Prinzip arbeiten.[248]

Beim Verkauf über Vertreter besteht das Probleme, daß viele Russen unbekannte Handelsvertreter nicht hereinlassen, da sie fürchten, von ihnen beraubt zu werden.[249] Auf kommerzielle Briefsendungen ist eine überdurchschnittlich hohe Antwortquote zu beobachten. Probleme bereitet dabei aber, daß noch in ungenügendem Umfang Adressenlisten mit detaillierten Informationen zur Verfügung stehen und aus diesem Grunde gezielte Ansprachen einzelner Konsumentengruppen schwer möglich sind.[250] Der Versandhandel wird durch die langsame, unzuverlässige und teure Post, sowie durch ein schlecht entwickeltes elektronisches Zahlungssystem behindert. Gerade bei der gehobenen Einkommensschicht wird Katalogverkäufen jedoch eine gute Chance gegeben. Als erfolgreiches Beispiel kann die Verkaufsaktion der Agentur „Kniga-Service" angesehen werden, die per Post und mit Zahlung per Nachnahme Blumensamen verkaufte. Von 40.000 Angeschriebenen bestellten ganze 30 Prozent. Auch mit dem Verkauf von Möbeln,

[247] Vgl. Wadenpohl, 1998; S. 94f.
[248] Ebenda; S. 134.
[249] Vgl. Krylow, 1998; S. 36.
[250] Vgl. Ruwwe, 1997; S. 75ff; vgl. Wadenpohl, 1998; S. 156.

Gartengeräten, Werkzeugen und sogar Immobilien über Kataloge wurden schon gute Erfahrungen gemacht.[251]

Russen stehen verschiedenen Arten der Verkaufsförderung aufgeschlossen gegenüber. Bemerkenswerte Effekte konnten mit Kundenkarten, Proben und Geschenken erzielt werden.[252] Gerade die großen Moskauer Handelshäuser aber auch die ausländischen Tabak- und Alkoholkonzerne geben in Rußland beträchtliche Summen für verkaufsfördernde Aktionen aus. Interessant ist, daß in Moskau, wo man Entsprechendes inzwischen bereits kennt, der Effekt nachläßt. Die Moskauer sind ähnlich wie westliche Konsumenten langsam der Gratisproben und Wurfsendungen satt. Anders sieht es in den Regionen aus, wo all das noch neu ist und zu überdurchschnittlichen Erfolgen führt.[253] Weiter ist zu überprüfen, inwieweit Verlosungen oder Spiele, aufgrund des dem Russen nachgesagten immerwährenden Glaubens an Wunder, besondere Potentiale in sich birgt.[254] Der Traum von der „Reise nach Paris" scheint weitverbreitet und taucht dementsprechend bei Verlosungen häufig als Preis auf.[255] Auch das Sponsoring soll nach Ergebnissen von Marktforschungsinstituten eine sehr große Effizienz haben, weshalb auch dieses Mittel immer intensiver genutzt wird.[256]

Welche weiteren Besonderheiten gibt es beim Marketing in Rußland zu beachten? Russen kaufen häufig ein. Entscheidungsträger für die Wahl von Lebensmitteln und Gütern des täglichen Bedarfs ist die Frau.[257] Geschenke macht man sich vor allem zur Jahreswende. Männer werden außerdem am Tag der Beschützer (23. Februar) und Frauen am Frauentag (8. März) beschenkt. Ausländische Waren sind beliebte Geschenke.[258] Verbraucherschutz gewinnt in Rußland immer mehr an Bedeutung. Die Bevölkerung wird sich verstärkt ihrer Rechte bewußt. Einige Stimmen meinen, daß der Verbraucherschutz das am effektivsten umgesetzte Rechtsgebiet ist. Es gibt Test-Zeitschriften und Verbraucherschutzverbände.[259]

---

[251] Vgl. Krylow, 1998; S. 38f.
[252] Vgl. Ruwwe, 1997; S. 34.
[253] Vgl. Krylow, 1998; S. 45.
[254] Ebenda; S. 45ff.
[255] Ebenda; S. 48.
[256] Vgl. Ruwwe, 1997; S. 34f; vgl. Krylow, 1998; S. 56.
[257] Ebenda; S. 47.
[258] Ebenda; S. 57.
[259] Vgl. Wadenpohl, 1998; S. 109.

5.5.3. Marken und Markenschutz

Ob sich ein Hersteller für den Auf- oder Ausbau einer russischen Marke entscheidet oder eine internationale zu etablieren versucht, hängt wohl in erster Linie davon ab, in welche Richtung oben beschriebene Herkunftslandeffekte in der entsprechenden Warengruppe ausgeprägt sind. Ein Aspekt ist sicher auch, welches Image eine konkrete russische Altmarke besitzt und inwieweit eine internationale Marke schon länger bekannt ist.[260] Bei der Markenbildung lohnt es sich nach Namen, Orten und Zeichen zu suchen, mit denen die Russen irgend etwas verbinden. Für Mineralwasser kann das z.B. der Name einer bekannten Quelle sein, aber auch historische Größen bieten sich an. Teilweise tragen Produkte sogar Namen noch lebender Personen, wie z.B. ein Schachcomputer der Marke „Kasparow".[261] Egal, ob es sich um eine russische oder ausländische Marke handelt, russische Geschmacksmuster sollten nicht unberücksichtigt bleiben.[262]

Außer den wohlhabenden Russen, die mehrere Marken einer relevanten Güterklasse probieren, bevor sie einer auch treu bleiben, scheint das Markenbewußtsein der Russen (noch) wenig ausgeprägt.[263] Produktmarken haben beim Durchschnittsrussen scheinbar geringere Bedeutung als der Preis.[264] Dabei könnten Marken gerade in Rußland, wo der Konsumentenschutz noch längst nicht hundertprozentig gewährleistet und z.B. die Lebensmittelkontrolle sehr unzuverlässig ist, eine Schutzfunktion erfüllen. Zum Teil, wie z.B. auf dem Alkoholmarkt, wird falsch etikettierte und minderwertige oder gar gesundheitsgefährdende Ware verkauft – und das nicht nur auf der Straße.[265] Trotzdem scheint vielen der Preis das schlagkräftigere Kaufargument zu sein.

Die Definition und der Umgang mit Eigentum ist in Rußland noch immer mit Schwierigkeiten verbunden. Besonders deutlich wird dies bei der Betrachtung des Schutzes und der Übertragung immateriellen Besitzes. Die Übertragung intellektuellen Eigentums ist mit großen juristischen Schwierigkeiten verbunden.[266] Der

[260] Ebenda; S. 117f.
[261] Vgl. Krylow, 1998; S. 96f.
[262] Vgl. o.V.; bfai-Info Osteuropa, 12/98 (3); S. 29ff.
[263] Vgl. o.V.; Ost-Markt, 13.07.98; S. 6; vgl. Krylow, 1998; S. 92.
[264] Vgl. o.V.; Ost-Invest, 18.12.98; S. 8.
[265] Vgl. Krylow, 1998; S. 92.
[266] Vgl. Dimitriev, 1997;; S. 42ff; (dort in Bezug auf die Probleme russischer Investoren bei der Realisierung von Investitionsprojekten von Forschungseinrichtungen)

Schutz von Patenten und Marken ist nur bedingt gewährleistet, Markenpiraterie weit verbreitet.[267] Hersteller von Markenprodukten erklären, wegen Markenpiraterie jährlich bis zu 22 Prozent ihres Umsatzes zu verlieren. *Levi Straus&Co* haben 1997 1,5 Millionen gefälschte Produkte beschlagnahmen lassen.[268] Im Sommer 1998 wurden auf dem Flughafen in Helsinki 40 t gefälschter Waren von *adidas* und *Nike* sichergestellt. Die in China und Südkorea hergestellten Kopien waren für den russischen Markt bestimmt.[269] *Ford*-Europa berichtete von gefälschten Ford-Lenkrädern, die von Rußland nach Polen exportiert werden sollten. Bei Tests hätten sich diese als lebensgefährlich entpuppt. Vertreter von *Ford* schätzen den Schaden, den die Automobilindustrie jährlich durch Produktpiraterie erleidet, auf rund fünf Milliarden DM.[270] Ein Beispiel, wie weit der Schutz von Urheberrechten reicht, ist ein riesiger Markt in Moskau, auf dem in erster Linie raubkopierte Musik- und Computer-CD's sowie Videokassetten verkauft werden. Der Markt findet seit Jahren allwöchentlich statt und zieht jedes Wochenende große Menschenmassen an. Und nicht nur auf diesem Markt, sondern im ganzen Land werden Unmengen von Raubkopien verkauft. Oft können die meist in Bulgarien hergestellten Fälschungen schon weniger als eine Woche nach dem Erscheinen des Originals gekauft werden. Filme werden mit Videokamera im Kino aufgezeichnet und schon kurz nachdem sie in die Kinos kamen auf Video (in schlechter Qualität) verkauft. Die *International Intellectual Property Alliance* beziffert die von der Filmindustrie erlittenen Verluste mit rund $ 312 Mio., die der Hersteller von Firmensoftware mit etwa $ 300 Mio.[271]

Von staatlicher Seite scheint man sich nur begrenzt für diese Erscheinung zu interessieren. Die diesbezügliche Gesetzeslage noch immer unausgereift.[272] Wie in vielen anderen Rechtsgebieten fehlt es auch hier weniger an Vorschriften, als vielmehr an der konsequenten Anwendung der Gesetze. Die mit der Implementierung betrauten Behörden sind nicht selten mit ihrer Aufgabe überfordert. In diesem Geschäft ist die Hemmschwelle für Gewaltanwendung ziemlich niedrig. Auch widersprechen entsprechende Regelungen häufig internationalen Vereinbarungen und

---

[267] Vgl. Krylow, 1998; S. 92ff.

[268] Vgl. o.V.; Stuttgarter Zeitung, 27.10.1998.

[269] Vgl. o.V.; Ost-Wirtschafts-Report, 21.08.98; S. 329.

[270] Vgl. o.V.; Stuttgarter Zeitung, 27.10.1998.

[271] Vgl. o.V. Ost-Wirtschafts-Report, 09.01.98; S. 6.

[272] Vgl. o.V.; bfai-Info, 16/98 (2); S.37f.

anderen russischen Gesetzen. In letzter Zeit bemühen sich die Unternehmen jedoch mit unterschiedlichen Strategien, diesen Zustand zu ändern. Einige Unternehmen konnten erfolgreich ihre Rechte gerichtlich geltend machen. *Microsoft*, deren Vertreter glauben, daß 90 Prozent der in Rußland verwendeten Software illegal kopiert wurde, initiierte 40 Razzien auf Straßenmärkten.[273] Eine weitere Möglichkeit ist es, die Öffentlichkeit auf die Problematik und die durch Markenpiraterie entstehenden Nachteile auch für den Konsumenten aufmerksam zu machen.[274] Sinnvoll ist darüber hinaus aufzuklären, woran man die Originalprodukte erkennen kann. Wieder andere Hersteller versuchen, ihre Produkte durch schwer zu kopierende Kennzeichen zu schützen. Beispiele hierfür sind Hologramm- oder Wasserzeichen-Etiketten und fälschungssichere Flaschen.[275] Zum Teil gelingt es aber auch, die ehemaligen Händler von nicht autorisierter Ware zu Firmenvertretern zu machen.[276] Noch weiter geht der Versuch, die Produzenten der Imitate über Lizenzvergabe zu legalen Herstellern des Originalproduktes werden zu lassen.[277]

5.5.4. Werben in Rußland

Werbung hat in Rußland keine große Tradition und noch immer wird ihr mit großer Vorsicht entgegengetreten. Man befürchtet, betrogen zu werden. Trotzdem kann gesagt werden, daß die Akzeptanz der Werbung in den letzten Jahren stark gestiegen ist. Nach einer Untersuchung der Staatlichen Antimonopolkommision Rußlands glaubten 1996 schon drei Viertel der Russen, daß Wirtschaftswerbung notwendig sei.[278] Russen scheinen einen größeren Informationsgehalt in der Werbung zu erwarten.[279] Logisch erscheint dies insofern, als daß viele Marken noch nicht bekannt sind und bestimmte Assoziationen nicht vorausgesetzt werden können.

Gerade in den Zentren sind inzwischen alle üblichen Werbemedien verfügbar. Die Russen sehen relativ viel fern und lesen regelmäßig Zeitungen und Magazine.[280]

---

[273] Vgl. o.V.; Ost-Wirtschafts-Report, 29.5.98; S. 218.
[274] Vgl. Wadenpohl, 1998; S. 122; vgl. Krylow, 1998; S. 94
[275] Ebenda; S. 122.
[276] Vgl. o.V.; Ost-Wirtschafts-Report, 09.01.98; S. 6.
[277] Vgl. Wadenpohl, 1998; S. 123.
[278] Vgl. Ruwwe, 1997; S. 14f.
[279] Vgl. Wadenpohl, 1998; S. 139.
[280] Ebenda; S. 48.

Eine Besonderheit sind die in Rußland weit verbreiteten Straßentransparente, die quer über die Straße gespannt werden.[281] Sehr beliebt sind auch kostenlose Prospekte und Branchenverzeichnisse. Die Auflage solcher Blätter stieg in der letzten Zeit beständig.[282]

Weit verbreitet ist versteckte Werbung in russischen Medien.[283] Verlage, Rundfunk- und Fernsehstationen produzieren Auftragsreportagen und lassen diese vor dem Konsumenten oder Wähler wie objektive, nach bestem Wissen und Gewissen recherchierte Nachrichten erscheinen. Die Einflußnahme betrifft sowohl regionale als auch überregionale Medien. Problematisch ist dabei, daß in Rußland sowohl politische als auch wirtschaftliche Einflußträger häufig Massenmedien kontrollieren.

Erotik in der Werbung ist kein Tabu und längst keine Seltenheit mehr – eher das Gegenteil. Für mehr Zündstoff sorgen Anzeigen und Clips, die Kinder ansprechen sollen.[284] Zu berücksichtigen sind bei der Werbungsgestaltung Besonderheiten des russischen Humors.[285] Positive Effekte wurden auch mit dem Aufgriff von Figuren oder Themen aus russischer Märchen und Sprichwörter erzielt.[286] *Krylow* meint, daß der „Mensch von der Straße" geringere Wirkung erbringt als bekannte Persönlichkeiten wie Schauspieler, Schriftsteller oder Musiker. Entsprechende Personen sind in der Lage, dem beworbenen Produkt besonderes Prestige zu geben.[287] Dabei eignen sich einheimische Sportgrößen in Rußland nicht so gut als Werbeträger, wie in anderen Ländern. Sie erhalten im Vergleich z.B. zu politischen Größen weitaus weniger Medienaufmerksamkeit.[288] Sollten im Marketing russische kulturelle Besonderheiten weiter erforscht und berücksichtigt werden, müssen doch keine grundsätzlich neuen Wege eingeschlagen werden.[289] Deutlich wird dies z.B., wenn man sieht, welchen Gefallen deutschsprechende Russen an deutscher Wer-

[281] Vgl. Ruwwe, 1997; S. 73.
[282] Vgl. o.V.; Ost-Wirtschafts-Report, 02.10.98; S. 397.
[283] Vgl. Wadenpohl, 1998; S. 157.
[284] Vgl. Ruwwe, 1997; S. 30ff.
[285] Ebenda; S. 27; vgl. Krylow, 1998; S. 89.
[286] Vgl. Krylow, 1998; S. 45f + 100.
[287] Ebenda, 1998; S. 88.
[288] Vgl. Ruwwe, 1997; S. 29f.
[289] Vgl. Wadenpohl, 1998; 35.

bung finden, die sie häufig humorvoller und ansprechender als die in Rußland bewerten.

5.6. Russische Arbeitskräfte

Das Bild russischer Arbeitskräfte im Westen läßt sich kurz folgendermaßen zusammenfassen: Sie sind billig, gut ausgebildet und faul. Vor allem in den Regionen sind die Lohnkosten sehr niedrig und stellen damit zweifellos einen Anreiz zur Errichtung von Produktionsanlagen dar.[290] Auf den Ausbildungsstand wurde in *Kapitel 4.2.* eingegangen. Nachfolgend soll nun die Einstellung der Russen zur Arbeit und dem Arbeitsplatz beleuchtet werden.

Interessant ist, daß entgegen dem weitverbreiteten Bild des faulen Russen, das selbst von einigen Verfechtern der Idee der russischen Seele geradezu in ein tugendhaftes Licht gestellt wird, die deutschen Manager bei der Umfrage im Rahmen dieser Arbeit Fleiß als eine beim russischen Arbeiter eher stark ausgeprägte Eigenschaft ansahen.[291] Ein Fünftel der Antwortenden hielten den Russen für sehr fleißig und weitere 38 Prozent für tendenziell fleißig. Das deutet darauf hin, daß der Russe nicht grundsätzlich arbeitsunwillig ist.

Auf der anderen Seite neigen nicht wenige russische Arbeitnehmer dazu, sich schnell krank schreiben zu lassen, oder gar zu schwänzen.[292] Ärztlichen Attesten muß dabei mit gewissem Mißtrauen begegnet werden, da die Ärzte selbst bei geringfügigen Erkrankungen gerne lange Bettruhe verordnen und in vielen Polikliniken entsprechende Bescheinigungen schon für relativ wenig Geld käuflich erhältlich sind. Diese Gewohnheit stammt noch aus alten Zeiten.

Es lohnt auch bei der Betrachtung der russischen Arbeitseinstellung, einen Blick in die sowjetische Realität zu werfen. Wie schon in *Kapitel 5.4.1.* beschrieben, waren russische Arbeitnehmer gewohnt, klare Weisungen zu erhalten und diese relativ kritiklos auszuführen. Individualität, Selbständigkeit und Eigeninitiative wurden vom alten System wenig gewürdigt und stehen somit im Wertesystem der Russen auch nicht so hoch. In der streng hierarchischen Ordnung kamen die Menschen immer wieder in Situationen, in denen sie die Sinnlosigkeit ihrer selbständigen

[290] Vgl. Bernstein, 1998; S. 34f.
[291] Vgl. Janin, 1997; S. 30f.
[292] Vgl. Ost-Wirtschafts-Report, 06.03.98; S. 83.

Bemühungen feststellen mußten, wenn sie nicht gar dafür bestraft wurden.[293] Ganze drei Viertel der im Rahmen dieser Arbeit Befragten konnten Eigeninitiative wenig oder gar kaum beim russischen Arbeiter erkennen. Immer noch zwei Drittel hielten ihn für inflexibel. Bei den Eigenschaften Verantwortungsbewußtsein, Belastbarkeit und Ordentlichkeit konnte bei der kleinen Stichprobe kein deutliches Gewicht zum Positiven oder Negativen festgestellt werden. Die kompletten Ergebnisse finden sich im Anhang in *Tabelle 4*.

Eine Besonderheit in der Sowjetunion war, daß beinahe alle Bedürfnisse der Angestellten in Bezug auf materielle Entlohnung, Sicherheit, Selbstverwirklichung und emotionale Identifizierung innerhalb des Betriebes befriedigt werden sollten.[294] Traditionell übernahmen und übernehmen russische Industriebetriebe vielfältige soziale Aufgaben. Hierzu zählen Ausbildung, medizinische Versorgung, Unterbringung, Kindergärten, Versorgung mit Nahrungsmitteln und vor allem Sicherung des Arbeitsplatzes. Bei der Bewertung eines Unternehmens, das man überlegt zu übernehmen, sollte dies nicht unberücksichtigt bleiben. Häufig erwarten die regionalen Administrationen vom Investor Übernahmegarantien der Arbeiter und Angestellten.[295] In Bezug auf soziale Einrichtungen findet in letzter Zeit immer häufiger ein Modell Anwendung, bei dem sich das Unternehmen verpflichtet, eine zusätzliche Abgabe zu entrichten und der Staat die Verantwortung für die entsprechenden Institutionen übernimmt.

Es lohnt sich auch zu prüfen, ob in der Weiterführung der Einrichtungen Potentiale versteckt sind. Westliche Investoren versuchen soziale Einrichtungen, die für sie in erster Linie unnötige Kostenposten darstellen, möglichst schnell abzustoßen. Unter Umständen sollte in Rußland jedoch darüber nachgedacht werden, ob man einen Betrieb nicht anders als z.B. in Deutschland verstehen sollte, als Ort in dem nicht nur gearbeitet wird, sondern der das Leben der in ihm Arbeitenden weitreichender bestimmt. Mit dem Erhalt solcher Institutionen kann eine stärkere Identifikation und Loyalität zum Betrieb erreicht werden. Nicht wenige westlich orientierte Manager verzweifeln, wenn bekannte Motivationsmethoden nicht den gewünschten Erfolg zeigen. Außerdem ist die Wirkung auf die Öffentlichkeit und das Verhältnis zu verschiedenen staatlichen Stellen nicht zu vernachlässigen. Das wiederum kann sich bei Verhandlungen z.B. um Vergünstigungen positiv auswirken. Und

---

[293] Vgl. Eggers/Eickhoff/Dimant, 1996; S.133ff.
[294] Vgl. Ogurzov, 1997; S. 95.
[295] vgl. o.V.;„Central European", 1998; S.31ff; vgl. Holtbrügge, 1996 (1); S. 26f.

nicht zuletzt ist es wohl auch im Interesse des Unternehmens, wenn die Jugend eine gute Ausbildung und die Arbeitnehmer eine ordentliche gesundheitliche Versorgung erhalten. So lassen sich unter anderem die steigenden sozialen Spannungen reduzieren. Auf den Staat kann man sich heute in Bezug auf die Gesundheitsversorgung oder eine soziale Grundabsicherung nicht verlassen. Dieser Illusion sollte man sich nicht hingeben, wenn man ein Betriebskrankenhaus an regionale Administrationen abgibt und dafür eine zusätzliche monatliche Abgabe zahlt.

Doch unabhängig von irgendwelchen Dienstleistungen spielt in Rußland der Betrieb und das Arbeitskollektive im Leben des Einzelnen auch außerhalb der Arbeitszeit eine bemerkenswerte Rolle. Das außerberufliche Leben beschränkt sich nicht nur auf die Familie, sondern ist stark mit der Arbeitswelt verbunden. Nach außen sichtbar wird dies z.b. durch die traditionellen Wochenendausflüge, Feste und die Hilfsbereitschaft im Kollegium. In einer Zeit oft monatelang nicht gezahlter Löhne und all der anderen Folgen des Umbruchs schwächen die Kollektive den individuellen Streß ab. Man hofft auf die gemeinsame Bewältigung der Probleme.[296] Daß die Werktätigen so wenig protestieren, hängt wohl auch damit zusammen. Durch zeitweise Einstellung oder nur teilweise Zahlung der Löhne, Weiter- und Umschulungen oder flexiblen Beschäftigungsformen wird versucht, Arbeitslosigkeit zu vermeiden.[297] Auch ausländische Manager sollten die Bedeutung des Gemeinschaftsgefühls nicht unterschätzen. In jedem Fall ist es z.B. sinnvoll, die Tradition der kollektiven Ausflüge und Feiern weiterzuführen. Sie sind mit keinen übergroßen Kosten verbunden und tragen zu einem positiven Arbeitsklima bei.

In den Betrieben läßt sich eine Unterscheidung zwischen den „Unseren" und den „Anderen" feststellen. Erwartet der russische Arbeitnehmer zwar scheinbar eine strenge gerechte Führungsperson, muß diese doch als einer von den „ihren" anerkannt sein. Der Vorgesetzte, der mit Russen arbeiten möchte, muß den persönlichen Kontakt zu ihnen suchen. Sie haben grundsätzlich kein Problem, für Ausländer zu arbeiten, die ausländischen Manager ziehen sich nur i.d.R. zu weit zurück und finden deshalb keine Akzeptanz. Mit materiellen Anreizsystemen wie höherem Lohn als üblich, pünktlichen Lohnzahlungen, Prämien und Geschenken, erreicht man häufig wenig, wenn es nicht gelingt, nicht als Fremdkörper angesehen zu werden.

---

[296] Vgl. Stepin, 1997; S. 32f.
[297] Vgl. Otstavnova, 1997; S. 92ff.

Was ist an einem Arbeitsplatz für Russen wichtig? Mit dem Ziel, dieser Frage auf den Grund zu gehen, wurden Anfang der Neunziger Jahre 1350 Russen befragt. Mit 85 Prozent war den meisten eine gute Bezahlung wichtig. Nette Kollegen machten für drei Viertel einen guten Arbeitsplatz aus. Aspekte wie Aufstiegschancen oder Verantwortung spielten eine deutlich untergeordnete Rolle (aller Ergebnisse finden sich in *Tabelle 2* im Anhang).[298] Mit einem knappen Vorsprung bedeutete Arbeit für 35 Prozent der Befragten, das Beste unabhängig von der Bezahlung zu leisten. Für 32 Prozent war sie allerdings ein notwendiges Übel. Daß die Arbeit ein Geschäft ist und daß sie das übrige Leben nicht beeinträchtigen solle, meinten jeweils 25 Prozent. Für 12 Prozent war Arbeit das Wichtigste im Leben.[299] Entsprechend einer Umfrage des Consultingunternehmens *050*, bei der rund 1500 russische Bürger nach ihren Ansprüchen an einen Arbeitsplatz befragt wurden, ist der durchschnittliche russische Arbeitnehmer stark materiell orientiert. Weiterhin wechseln die Arbeitnehmer äußerst häufig den Arbeitsplatz.[300] Befragt worden können hier nur Einwohner der Zentren sein, wo die Möglichkeit zu solch einem Verhalten besteht. Nicht bedeutungslos auch für die Arbeitsmotivation ist sicher die wachsende Angst vor Arbeitslosigkeit.[301] Bedenklich müssen die Ergebnisse einer Untersuchung des „Russischen Unabhängigen Instituts für soziale und nationale Probleme" stimmen. 70,9 Prozent der Befragten sahen harte Arbeit nicht als Möglichkeit an, Erfolg zu erzielen. Erfolg ist eher Glück oder Ergebnis persönlicher Beziehungen. Das leistungsorientierte Arbeit die Grundlage für ein besseres Leben ist, glaubten nur 28,3 Prozent.[302] Diese Einstellung, die zu vermindertem Verantwortungsbewußtsein und geringerer Leistungsbereitschaft führt, zeigt, wie sich dem Russen das heutige Leben darstellt. Westliche Unternehmen können einen Beitrag dazu leisten, daß sich diese Einschätzung wieder relativiert.

Daß Unzufriedenheit sich heute so wenig in Protest äußert, hängt auch damit zusammen, daß sich in Rußland in der Vergangenheit keine wirkliche Streikkultur herausbilden konnte. In der Sowjetunion durfte es sie systembedingt nicht geben. Wenn allen alles gehört, gegen wen soll man da streiken? Die heutigen Gewerk-

---

[298] Vgl. Schlese/Schramm, 1996; S. 171.
[299] Ebenda; S. 169.
[300] Vgl. o.V.;„Märkte der Welt", 1998 (3); S. 6.
[301] Vgl. Archangelskaja, 22.02.99; S. 46f.
[302] Vgl. Petuchow, 1997; S. 41 (leider keine Angaben zum Erhebungsdesign).

schaften sind zersplittert und machtlos. Es ist aber zu beobachten, daß die Streik-
tage in den letzten Jahren beträchtlich zugenommen haben.[303]

---

[303] Vgl. Russian European Centre for Economic Policy, 1998; S. 19.

6. SOZIALE BEZIEHUNGEN UND BINDUNGEN IM GESCHÄFTSLEBEN

In vorhergehendem Kapitel wurde auf die Wertekonfusion in der russischen Gesellschaft eingegangen. Gemeinsam mit der auch daraus resultierenden Rechtskonfusion beeinflußt sie das zwischenmenschliche Miteinander der Russen in großem Maße. Dülfer erklärt die Interdependenz folgendermaßen: „... der einzelne ist als Glied seiner sozialen Umwelt bestrebt, den Erwartungen der Gruppe, in der er lebt und arbeitet, gerecht zu werden."[304] Auf welche Erwartungen welcher Gruppe läßt das Verhalten vieler Russen schließen, für die Regelbrüche, Korruption und Gewalt Normalität geworden sind? Man muß es als einen Teufelskreis sehen, da diese Normalität zu einer weiter abgeschwächten Ächtung derartigen Verhaltens führt. Der volkswirtschaftliche Schaden ist groß, da die Unberechenbarkeit und Unvorhersehbarkeit die Transaktionskosten des einzelnen beträchtlich erhöhen. Es gibt aber auch Tendenzen, die für die Zukunft hoffen lassen. Nachfolgend sollen ausgewählte Interaktionsbeziehungen genauer unter die Lupe genommen werden.

Mit welchen Interaktionspartnern russische Unternehmer Probleme haben, ist eines der Betrachtungsobjekte *Radaews* im Zuge seiner Untersuchungen. Dabei klagten 43 Prozent der Befragten über Unstimmigkeiten in Bezug auf Marktbeziehungen mit Partnern und Klienten und 34,5 Prozent haben Probleme mit Vertretern staatlicher Strukturen. Interne Probleme mit dem Kollektiv und dem Führungskommando sehen nur 10 Prozent der Unternehmer.[305]

6.1. Besonderheiten in den Marktbeziehungen

Blicken die von *Radaew* befragten Unternehmer auf die letzten Jahre zurück, so meinten 43 Prozent, daß sie große Probleme mit Geschäftspartnern oder Klienten hatten. Verstärkt klagen über derartige Schwierigkeiten mittelständischer und größerer Unternehmen (54%).[306] Die Geschäftssphären betrachtend, sind vor allem Finanzinstitute, Bau- und Transportunternehmen sowie Industriebetriebe betroffen. In erster Linie hängen die Probleme mit der Nichterfüllung von Geschäftsvereinbarungen zusammen.[307] So erklärten 82 Prozent, daß in den letzten Jahren Verträge mit ihnen gebrochen wurden und 32 Prozent gaben an, daß dies sogar oft ge-

---

[304] Vgl. Dülfer, 1997; S. 360.

[305] Vgl. Radaew, 1998; S. 35f.

[306] Prozente der jeweiligen Gruppe.

[307] Vgl. Radaew, 1998; S. 113ff.

schieht. Die Hypothese, daß ein Unternehmer seltener mit derartigen Problemen zu kämpfen hat, je mehr er mit langjährig gleichbleibenden Partnern arbeitet, sieht *Radaew* nicht bestätigt.[308] Worauf dies zurückgeführt werden könnte, erklärt er nicht genauer. Auf der anderen Seite mißt er Netzwerken in diesem Zusammenhang besondere Bedeutung bei. Auf den Zeitraum seit 1995 bezogen, sieht eine verschwindende Mehrheit der Befragten eine Verbesserung der Situation.[309] Erschreckend ist, daß nur gut die Hälfte mit Bestimmtheit sagt, daß man in heutigen Zeiten ohne Vertragsbruch erfolgreich arbeiten kann. Über ein Drittel meint, es ist mit Schwierigkeiten möglich und immerhin 11 Prozent sehen diese Möglichkeit nicht.[310] Damit ist, sind die Zahlen repräsentativ, jeder zweite russische Geschäftspartner ein potentieller Vertragsbrecher. Im übrigen sind auch die Abmachungen mit staatlichen Geschäftspartnern nicht zuverlässiger einzuschätzen.[311]

Abgesehen von den direkten materiellen Einbußen wiegt der Vertrauensverlust schwer. Er verursacht zusätzliche Kosten z.B. der Informationsbeschaffung. Dabei sind bei den meisten Unternehmen die Informationssysteme noch eher unterentwickelt.[312] Das Finden verläßlicher Informationen bereitet unter anderem aufgrund der unvollkommenen russischen Buchführungsvorschriften und dem Umstand, daß die meisten Unternehmen in ihrer jetzigen Form noch nicht lange bestehen, oft große Probleme.[313] Mit gezieltem Vorenthalten von Informationen oder Falschinformation muß in Rußland verstärkt gerechnet werden, was die freie Wahl von Partnern einschränkt.[314] Eine Hauptquelle für Geschäftsinformationen sind für fast alle Unternehmer ihre Kollegen, i.d.R. ihre Partner.[315] Außerdem existieren inzwischen umfangreiche „Schwarze Listen". Weiter wird von Unternehmern auf offizielle und kommerzielle Listen und Datenbanken zugegriffen.[316] Nicht zu vergessen sind staatliche Organe, die gegen kleine Aufmerksamkeiten Einblick in geheime

---

[308] Ebenda; S. 121.
[309] Wurde häufiger: 23 %; unverändert: 50 %; wurden seltener: 28 %.
[310] Vgl. Radaew, 1998; S. 117f.
[311] Vgl. Dimitriev, 1997;; S. 42ff; (dort in Bezug auf die Probleme russischer Investoren bei der Realisierung von Investitionsprojekten von Forschungseinrichtungen); vgl. Don, 1998; S. 26.
[312] Vgl. Radaew, 1998; S. 127.
[313] Vgl. Djakov, 1997; S. 20ff.
[314] Vgl. Itschitovkin / Itschitovkin, 1997; S. 118f ; vgl. Djakov, 1997; S. 20ff.
[315] Vgl. Radaew, 1998; S. 127.
[316] Ebenda; S. 136f.

Unterlagen geben. Ausländische Unternehmen nutzten verstärkt neu gegründete Verbände und Kammern.[317]

Geschäftspartner durch Verteilen und Sammeln von Visitenkarten zu suchen, ist ein in Rußland von wenigen Unternehmern bevorzugtes Verfahren.[318] Kontaktaufnahme per Telefon oder Post ist langwierig. Da die Einschätzung der Vertrauenswürdigkeit sehr wichtig ist, scheint es empfehlenswerter, persönlich vorzusprechen.[319]

Wie versuchen die Unternehmer, geschäftliche Vereinbarungen abzusichern? Als erstes nennt *Radaew* den Abschluß schriftlicher Verträge. Mit dem Hintergrund der Rechtssituation, den Schwierigkeiten bei der Informationsbeschaffung und den Besonderheiten der russischen Wirtschaftsethik empfehlen einige Geschäftsleute in Verträge alles hineinzuschreiben, nichts vorauszusetzen, Schiedsstellen zu benennen und ähnliches.[320] Es ist jedoch zu bezweifeln, daß das die Einhaltung von Abmachungen garantiert, da sich zum einen in Rußland noch keine Kultur schriftlicher Verträge voll entwickeln konnte, man sich mit den Veträgen nicht gegen alle Eventualitäten absichern kann und überhaupt dieses Stück Papier die pünktliche Erfüllung der Verpflichtungen, wenn überhaupt die Absicht dies zu tun, nicht garantiert.[321] Die Bekräftigung von Vertragsbeziehungen durch Erwartung juristischer Sanktionen ist unvollkommen.[322] Damit gewinnen sich selbst durchsetzende Verträge an Bedeutung. Eine besondere Herausforderung bei der Ausarbeitung von Verträgen ist es, dem russischen Gesetzeschaos zu entsprechen. Rechtswidrige Klauseln sind nicht nur unwirksam, sondern können die Nichtigkeit des gesamten Vertrags bedeuten.[323] Daraus resultierend scheint in Rußland das gegebene Wort oft mehr zu zählen als ein unterschriebener Vertrag.[324] Der Glaube in das gegebene Wort kann auch ohne jedes Papier standhalten.[325] Wichtige Voraussetzung für die Verläßlichkeit mündlicher Absprachen ist ein möglichst langes gutes Verhältnis

---

[317] Vgl. Bfai (Hrsg.), 1998; 39.
[318] Vgl. Radaew, 1998; S. 137ff.
[319] Vgl. Bfai (Hrsg.), 1998; S. 48.
[320] Vgl. Wadenpohl, 1998; S. 7.
[321] Zur Situation auf dem Wertpapiermarkt vgl. Itschitovkin / Itschitovkin, 1997; S. 118f.
[322] Vgl. Radaew, 1997; S. 89.
[323] Vgl. Holtbrügge, 1996; S. 30.
[324] Vgl. Radaew, 1998; S. 136f.
[325] Ebenda; S. 89.

zwischen den Vertragspartnern. Auch der Vizepräsitent der *ABB Russia Wolfgang G. Puppe* meint, daß im Falle, daß es gelungen ist, ein gutes Vertrauensverhältnis zu Geschäftspartnern aufzubauen, man sich auf mündliche Vereinbarungen zum Teil eher verlassen kann als auf Unterschriften.[326] Er ist mit dieser Meinung nicht allein. Bei der Umfrage im Rahmen der Arbeit wurde u.a. der Frage nachgegangen, welche Arten von Abmachungen in welchem Maße verläßlich eingeschätzt werden. Am sichersten schienen den Antwortenden mündliche Absprachen auf Basis persönlicher Beziehungen. Ein Viertel hielt diese Form für sehr verläßlich und weitere 60 Prozent für eher verläßlich. Deutlich weniger Vertrauen bringt man z.B. schriftliche Verträge mit staatlichen Institutionen und noch weniger schriftlichen Verträgen mit nichtstaatlichen Personen auf Basis lediglich gesetzlichen Schutzes entgegen. Nur wenn materielle Sicherheiten ins Spiel gebracht werden, ist eine stärker positive Tendenz als im ersten Fall erkennbar, wobei diese Variante von deutlich weniger Befragten für sehr verläßlich gehalten wurde. Die kompletten Ergebnisse finden sich in *Tabelle 5* im Anhang.

Am sichersten scheint *Radaew* Vorauskasse und Barzahlung zu sein. Vor allem bei Geschäften mit Unbekannten hält Radaew dies für unabdingbar.[327] Viele ausländische Unternehmen wählten nach den Geschehnissen im Herbst 1998 aus Angst vor Verlusten verstärkt sichere Zahlungsweisen.[328] Es ist jedoch die Frage, ob die risikoloseste Strategie im Ganzen am erfolgversprechendsten ist, da solch strenge Maßnahmen gerade im heutigen Rußland das Absatzpotential eines Unternehmens stark beschränken.

An die Situation russischer Unternehmen angepaßte Finanzierungsmodelle dürften in Zukunft erfolgsentscheidend sein.[329] Liquiditätsproblem haben selbst Unternehmen mit zuverlässigem Absatzmarkt oder gar Monopolstellung.[330] Dabei hat sich in der russischen Geschäftswelt eine gewisse Toleranz gegenüber Fällen entwickelt, in denen es objektive Gründe gibt, die die Erfüllung von Verpflichtungen unmöglich machen.[331] Die Situation hatte sich im Herbst 1998 beträchtlich verschlechtert. Mit der Verteuerung des Dollar, dem Schuldenmoratorium des russischen Staates

---

326 Vgl. Puppe, 1997; S. 21.
327 Vgl. Radaew, 1998; S. 136f + S. 121.
328 Vgl. o.V.; Ost-Wirtschafts-Report, 18.09.98; S. 361f.
329 Vgl. o.V.; bfai-Info Osteuropa, 10/98; S.23ff.
330 Vgl. Muisrova, 1997; S. 80ff.
331 Vgl. Radaew, 1998; S. 130ff.

und dem Zusammenbruch des Bankensystems gingen die Aufträge in beinahe allen Branchen deutlich zurück. Viele in- und ausländische Unternehmen kürzten ihre Beschaffungsbudgets merklich.[332] Statt den sicheren Weg zu gehen, war die *Berlin-Chemie AG* gemäß der Aussage ihres Vorstandsvorsitzenden *Nelde* von Beginn der August-Krise 1998 an darauf bedacht, langfristige Schäden zu begrenzen. Sie bot ihren Großhändlern verschiedenartige Finanzierungsformen und selbst die Rücknahme von Beständen an. Es war im Interesse des Unternehmens, daß die langjährigen Partner die schwierige Situation überstehen. Im Ergebnis wurden bereits im Oktober 1998 wieder Medikamente im Wert von einer Millionen DM nach Rußland verkauft.[333] Inzwischen hat sich die Lage merklich erholt, auch weil wieder Ruhe in den Finanzsektor eingezogen ist. Der rohstoffexportierende Sektor gibt positive Impulse für den Außenhandel.

Ist das *Leasing* in Rußland zwar rechtlich noch ungenügend geregelt, dürfte seine Bedeutung in Zukunft wachsen.[334] 1997 wurden nach Angabe der Zeitschrift *Ekspert* 7 Prozent aller Investitionen über Leasing finanziert. Dabei handelte es sich zu 71,5 Prozent um Industrieanlagen. Zu 40,2 Prozent kamen die Leasingnehmer aus der Industrie und der Baubranche, zu 25,8 Prozent aus der Landwirtschaft und zu 24,9 Prozent aus der Kommunikationsbranche. Hauptsächlich handelt es sich bei den geleasten Gütern um westliche Investitionsgüter. Außer den Aspekten der Qualität und Zuverlässigkeit resultiert das auch daraus, daß für Importgüter leichter Kredite und Garantien zu finden sind. Seit einigen Jahren gibt es auch russische Leasinggesellschaften, die phantasievoll die Finanzierung und Absicherung der Geschäfte gewährleisten. Dabei werden auch Gegengeschäfts-Konstruktionen in Betracht gezogen. Für viele potentielle Leasingnehmer ist es ein Problem, daß ausländische Leasinggesellschaften eine teure Unternehmensprüfung westlichen Standards erwarten.[335] Die alljährlich im russischen Staatshaushalt für Leasinggeschäfte vorgesehen Mittel sollten ohne große Erwartung registriert werden, da aufgrund der anhaltenden Finanzknappheit in gleicher Regelmäßigkeit, mit der man sie ins Budget aufnimmt, sie nicht ausgezahlt werden.[336] Garantien und Finanzierungshilfen die Risiken für die Unternehmen begrenzen können, sind von

---

332 Vgl. o.V.; bfai-Info Osteuropa, 13/98 (1); S. 28ff; vgl. o.V.; bfai-Info, 24/98 (2); S. 29.

333 Vgl. o.V.; Ost-West-Contact, 11/98; S. 85.

334 Vgl. o.V. bfai-Info Osteuropa, 2/98 (2); S. 34ff.

335 Vgl. Gubina / Rubtschenko, 15.06.98; S. 56f.

336 vgl. o.V.; bfai-Info Osteuropa, 25/98; S. 23ff.

verschiedenen Stellen zu erhalten. Zu nennen sind dabei vor allem Institutionen von EU, Bund, Ländern aber auch private Organisationen.[337]

Allgemein kann in der russischen Geschäftswelt eine Tendenz beobachtet werden, daß man versucht, Probleme unter sich auszumachen. Bei dieser Art der Konfliktlösung bilden sich zwangsläufig neue Verhaltensregeln heraus, die mehr Sicherheit und Berechenbarkeit bieten als es der Staat im heutigen Rußland kann. Die Heranziehung staatlicher Hilfe führt nicht selten zur endgültigen Schädigung der Beziehung.[338] Nach *Radaews* Zahlen versuchen die meisten, die häufig Probleme mit der Verletzung von Abmachungen haben, diese auf friedlichem Wege mit Überredungskraft zu lösen (55 %). Nur knapp ein Viertel erklärten üblicherweise den formalen Weg über die Gerichte zu gehen, wobei sich in den letzten Jahren immer häufiger dieses Mittels bedient wurde. Vor Gericht zu ziehen ist riskant, weil die schwierige Rechtslage in Kombination mit fehlender Spruchpraxis und Korruption solche Versuche zeitaufwendig machen und ihr Ausgang ungewiß ist.[339] Gerade Manager größerer Unternehmen nehmen jedoch in entsprechenden Fällen die Dienste der Justiz in Anspruch.[340] Bei den Befragungen *Radaews* suchte nur ein Fünftel der „Großen" informelle Lösungen während über die Hälfte der „Kleinen" diese Strategie bevorzugt. Zu gewaltsamen Mitteln waren 11 Prozent bereit zu greifen. Sieben Prozent reagieren nicht. Nicht selten werden Forderungen als uneinbringlich abgeschrieben, gelingt es nicht sie auf friedliche Weise einzubringen. Zum Teil empfindet man die Situation als normal: Heute hat man mich bestohlen, morgen tue ich es.[341]

Doch soll an dieser Stelle genauer auf die Bedeutung persönlicher Beziehungen eingegangen werden. Der russische Unternehmer unterscheidet zwischen den „Seinen" und den „Fremden". Die „Seinen" schließen Verwandte, Freunde und Empfohlene ein. Im Verhältnis zu den „Seinen" gelten andere Normen der Geschäftsethik als im Verhältnis zu den übrigen.[342] Diese Art von Netzwerken übernehmen in Rußland weitreichendere Funktionen als dies z.B. in Deutschland der Fall ist. Herausgebildet haben sie sich aber nicht erst in den letzten zehn Jahren. Wurden zu

---

[337] Informationen hierzu bei: Clausen, 1998; Schubert/Scheele, 1998.
[338] Vgl. Radaew, 1998; S. 130ff.
[339] Vgl. Puppe, 1997; S. 22.
[340] Vgl. Radaew, 1998; S. 128ff.
[341] Ebenda; S. 147f.
[342] Vgl. Radaew, 1997; S. 89.

Sowjetzeiten die Transaktionspartner den Betrieben zwar offiziell von oben zuge-wiesen, bildeten sich schon bald inoffiziell Beziehungen zwischen den Unterneh-men heraus.[343] Wurden inoffizielle Tauschgeschäfte und Gefälligkeiten zwar wei-testgehend geduldet, fehlte ihnen doch die rechtliche Grundlage. Offizielle Verträge konnten kaum abgeschlossen werden. Damit war im Fall von Vertrauens-brüche eine strafrechtliche Verfolgung unmöglich. Aus diesem Grunde bestand ein Anreiz, langfristige Kontakte aufzubauen, da die Transaktionskosten dort, wo sol-che Verbindungen fehlten, ungleich höher waren.[344] Das Vertrauen in diese Bezie-hungen beruhte auf dem guten Ruf der Partner und der Einschätzung des beider-seitigen Vorteils. Heute kann man zwar ungehindert Verträge abschließen, doch wie oben beschrieben wurde, ist deren Einhaltung nur unzureichend sicher. Netz-werke als Kooperationen voneinander unabhängiger Unternehmen, die ein bestän-diges relativ geschlossenes System bilden, können helfen, die dadurch entstehen-den zusätzlichen Transaktionskosten zu reduzieren.[345] In erster Linie schließen solche Allianzen russische Unternehmen untereinander. Ausgewählt werden die Netzwerkpartner dabei immer weniger nach Kriterien wie Verwandtschaft oder Bekanntschaft, sondern immer stärker nach Empfehlungen und der Einschätzung fachlicher Kompetenzen. Dieser begrenzte Kreis der „Seinen" erweitert sich sehr langsam. Er übernimmt die Funktion, schlecht einschätzbare Partner zu überprüfen und sollte es gelungen sein, einen guten Ruf zu erwerben, diesen zu verbreiten.

Netzwerke übernehmen Kontrollfunktion, indem sie Vertragsabschlüsse und deren Einhaltung überwachen und eigene vom Staat unabhängige Sanktionsmechanis-men herausbilden.[346] Ein leitender Angestellter einer russischen Bank meinte, daß das Informationsnetz im Bankensektor 1997 bereits so gut funktioniert, daß derje-nige, der irgendwo seinen Verpflichtungen nicht pünktlich nachgekommen ist, be-fürchten muß, innerhalb von wenigen Tagen ohne jegliche Partner dazustehen.[347]

Die Netzwerke haben aber nicht nur Kontroll- und Informationsfunktion. Sie ver-schaffen den Netzwerkpartnern auch Vergünstigungen und die Möglichkeit der In-anspruchnahme zusätzlicher Leistungen. In erster Linie sind in diesem Zusammen-hang Rabatte, Verzicht auf Vorauszahlung, Zahlungsaufschub, zusätzliche kosten-

---

[343] Vgl. Hertz, 1997; S. 5ff.
[344] Vgl. Hertz, 1997; S. 9f.
[345] Vgl. Radaew, 1998; S. 137; zur Definition von Netzwerken auch Dülfer, S. 188ff.
[346] Vgl. Radaew, 1998; S. 108f.
[347] Ebenda; S. 137ff.

lose Dienste und die Möglichkeit der Auswahl der besten Ware zu nennen.[348] Auch kann in problematischen Zeiten mit Unterstützung von Seiten der „Seinen" gerechnet werden. Über die Hälfte der Befragten waren bereit einem in Schwierigkeiten geratenen langjährigen Partner einen vergünstigten oder kostenlosen Kredit zu geben. Innerhalb der Netzwerke werden Probleme eher auf friedlichem Wege gelöst.[349]

Netzwerke leisten weiter einen Beitrag zur Bildung eines neuen geschäftlichen Verhaltenskodex. Einen der „Seinen" übervorteilt man nicht. Und das nicht nur, weil man innerhalb der Gruppe Sanktionen zu fürchten hat, sondern auch aufgrund moralischer Bedenken. So gaben 80 Prozent der von Radaew Befragten an, einen ständigen Partner auf einen, aufgrund eines Buchhaltungsfehlers, zu niedrig ausgewiesenen Rechnungsbetrag aufmerksam zu machen und den tatsächlichen Betrag zu zahlen. Nur für 9 Prozent war dies ein reines Problem des Rechnungsstellers.[350] Die Herausbildung dieser neuen Geschäftsethik sollte unterstützt werden, da diese Regeln der sozialen Beziehungen und Bindungen eine tragfähige Säule der neuen russischen Gesellschaft darstellen können.

6.2. Kriminalität und Korruption im Geschäftsleben

Diese zwei Themengebiet sollen nicht nur deshalb in einem Kapitel abgehandelt werden, weil Korruption kriminell ist, sondern vor allem deshalb, weil die Problemkomplexe stark miteinander zusammenhängen. Diejenigen Unternehmer, die sich relativer Straffreiheit bei Gesetzesverstößen sicher sind, glauben auch bei weitem weniger als eher „ängstliche" Kollegen, daß erfolgreiche Arbeit ohne Schmiergelder möglich ist.[351] Auch sind die Welten käuflicher Beamter und krimineller Strukturen eng verwoben. Ein Großteil der Einkommen aus kriminellen Aktivitäten wird für Bestechungsgelder ausgegeben. Manche Schätzungen gehen davon aus, daß es bis zu 50 Prozent sind.[352]

Über das organisierte Verbrechen und die ausufernde Kriminalität wird im Zusammenhang mit Rußland in den letzten Jahren viel gesprochen. Die kriminelle

---

[348] Ebenda; S. 143.
[349] Ebenda; S. 142ff.
[350] Vgl. Radaew, 1998; S. 142ff.
[351] Ebenda; S. 61f.
[352] Vgl. Harter, 1996; S. 119.

Welt wurde jahrzehntelang vom KGB kontrolliert und zum Teil auch kultiviert. In der Sowjetunion war sie zu einem Staat im Staate mit eigenen Gesetzen und Verhaltensregeln geworden. Mit dem Beginn der Reformen strömte das Verbrechen in die sich nun öffnenden Freiräume, verschmolz mit dem korrumpierten Teil des Staatsapparats und strebt heute nach Einfluß auf die Politik und das öffentliche Leben Rußlands. Die Lage dramatisiert sich, weil der ungeschriebene Verhaltenskodex, die Regeln der sozialen Beziehungen innerhalb der Verbrechenswelt in den letzten Jahren ihre Wirksamkeit verloren. Neue Regeln bilden sich aber bereits heraus.[353]

Das Kapital aus illegaler Tätigkeit wird zum großen Teil in den Wirtschaftskreislauf des Landes eingeführt.[354] Immerhin 42 Prozent der Befragten *Radaews* gaben an, in den letzten Jahren mit Drohungen und Erpressungen im Rahmen ihrer Geschäftstätigkeit konfrontiert worden zu sein. Gleichzeitig stellt er aber auch fest, daß diesbezüglich eine positive Tendenz erkennbar ist. Zum einen sind Einflußsphären unter den kriminellen Gruppen mehr oder weniger abgesteckt, zum anderen konzentriert man sich auf bestimmte „Branchen" wie den Straßenhandel oder erschließt sich legale Geschäftsbereiche. Aufgrund von Erfahrungen wissen die Unternehmer inzwischen auch besser mit Erpressungen umzugehen und sich zu schützen.[355] Es scheint, daß die Kriminalität von den Medien eher überspitzt dargestellt wird. Nach Gesprächen mit zeitweise in Rußland lebenden Familien kommt der *Verband der Deutschen Wirtschaft in der RF* zu dem Schluß, daß die Deutschen Moskau nicht unsicherer empfinden als westliche Großstätte.[356] Von Problemen betroffen, scheinen nur bestimmte Personenkreise zu sein. In den wenigen Fälle, in denen Ausländer Opfer von Gewalt wurden, muß vermutet werden, daß man sich mit zweifelhaften Geschäften beschäftigte.

Trotzdem sind zahlreiche russische wie ausländische Unternehmer der Meinung, daß man an entsprechenden Strukturen in Rußland nicht vorbei kommt. Immer wieder kursieren Gerüchte über Erpressungen auch westlicher Firmen. Der Geschäftsführer der *Wanfried-Druck Kalden GmbH Wolf-Arthur Kalden* klagt über Probleme mit mafiaähnlichen Strukturen und erklärt, sich genötigt gefühlt zu haben, einen Sicherheitsdienst zu engagieren, wobei er das Wort „Dach" benutzt,

---

353 Vgl. o.V.; GUS-Barometer; Nr. 17, Juli 1998.
354 Ebenda.
355 Vgl. Radaew, 1998; S. 193ff.
356 Vgl. o.V.;„Wirtschaft und Recht in Osteuropa", 2/98; S.77.

88

das in Rußland meist im Zusammenhang mit der Mafia gebraucht wird. Relativ gleichgültig registriert er diese Erscheinung, fühlt sich jedoch offensichtlich nicht ernsthaft dadurch behindert.[357]

Schutzgelderpressungen sind die häufigste Form, über die gewöhnliche auch ausländische Geschäftsleute mit der Mafia in Kontakt kommen. In der Regel wird von den Unternehmen, auf die kriminelle Strukturen ein Auge geworfen haben, ein bestimmter Prozentsatz des Gewinns verlangt (oft etwa 10 %). Gut arbeitende Unternehmen versucht man auch zu übernehmen. Die Dienste das Daches gehen oft über den Schutz hinaus.[358] Sehr populär ist es, sich ihrer beim Eintreiben von Schulden zu bedienen. In der Regel erhalten die Eintreiber einen Prozentsatz des Rechnungsbetrages, der bis zu 50 Prozent betragen kann.[359] Exakt der gleiche Anteil (42 %) der Befragten *Radaews,* der bereits mit Drohungen und Erpressung persönlich konfrontiert worden ist, konnten der Äußerung nicht uneingeschränkt zustimmen, daß man als Unternehmen heute in Rußland auf rabiate Methoden verzichten könne.[360]

Wovon hängt es ab, daß ein Unternehmen Ziel verbrecherischer Strukturen wird? Zunächst ist dies natürlich branchenabhängig. Betroffen sind vor allem Sphären mit schnellem Kapitalumschlag und einfachen wirtschaftlichen Operationen, wie der Finanzdienstleistungssektor oder der Handel.[361] In erster Linie werden diejenigen besucht, bei denen es etwas zu holen gibt. Ein zurückhaltendes auf das zur Schau stellen westlicher Luxusgüter verzichtendes Verhalten wirkt unangenehmen Besuchen vorbeugend. Entsprechende Strukturen werden auf potentielle „Kunden" des weiteren über Geschäftsleute, Prostituierte aber auch Beamte aufmerksam.[362] Im Juni 1998 wurden 20 leitende Angestellte und der Vorsitzende von *Goskomstat,* dem russischen Äquivalent zum deutschen Statistischen Bundesamt, vom Geheimdienst *FSB* verhaftet. Sie hatten Unternehmen Beihilfe zur Steuerhinterziehung geleistet, indem sie Zahlen fälschten und vertrauliche Informationen verkauften. Unter dem Umstand der schwer zu beschaffenden Informationen sind staatliche Institutionen beliebte Nachrichtenquellen. Ein von der Zeitschrift *Ekspert* befragter

---

357 Vgl. Kalden, 1997; S. 13.
358 Vgl. Schlott, 1996; S. 164.
359 Vgl. Radaew, 1998; S. 178 + S. 184.
360 Ebenda; S. 174f.
361 Vgl. Radaew, 1998; S. 178.
362 Vgl. Holtbrügge, 1996 (1); S. 38f; vgl. Radaew, 1998; S. 276.

Unternehmer meinte, daß eigentlich alle bis hin zur Reinigungskraft bei *Goskomstat* Informationen verkaufen. Wenn einem der Preis beim ersten Beamten zu hoch ist, geht man zum nächsten. Auch andere Behörden wie die Steuerorgane oder die Zentralbank werden in diesem Zusammenhang mißtrauisch beobachtet. Es wurden Vermutungen geäußert, daß der Geheimdienst *FSB* im Fall von *Goskomstat* nur einem unliebsamen Konkurrenten auf dem Informationsmarkt einen Schlag versetzen wollte.[363] Dabei sollte man sich darüber bewußt sein, daß staatliche Organe noch immer ein sowjetisches Verhältnis zum Fernmelde- und Briefgeheimnis haben. Verstößt es auch gegen die Verfassung, hört der *FSB* ohne richterliche Anordnung Telefonate und Pager-Nachrichten nach Belieben ab und auch das Internet wird verwanzt. Heute muß man weniger Sanktionen für konterrevolutionäre Äußerungen fürchten, sondern eher den Verkauf der Informationen an Konkurrenten oder die Mafia.[364] Dadurch, daß man sich nicht sicher sein kann, was mit Informationen geschieht, die man verpflichtet ist, bestimmten Ämtern zur Verfügung zu stellen, ergibt sich ein Anreiz, Falschinformationen weiterzugeben. Bei Steuererklärungen versucht man z.B. nicht nur den zu versteuernden Gewinn zu minimieren, sondern sein Unternehmen auch so darzustellen, daß man im Falle des Falles ein für die Mafia unattraktives und für den Konkurrenten unrealistisches Bild abgibt.

Fürchtet man erpreßt zu werden und ist man nicht bereit, an kriminelle Strukturen zu zahlen, kann man versuchen, sich zu schützen. Neben der Mafia bieten noch staatlich registrierte private Schutzdienste und die Polizei entsprechende Leistungen an. Die Grenzen zwischen allen drei Gruppen sind fließend und die Methoden ähneln sich. Die Befragten *Radaews* erklärten folgendermaßen auf erpresserische Drohungen zu reagieren: 34 Prozent greifen auf eigene Mittel zurück, 13 Prozent gehen zur Polizei (dabei handelt es sich in erster Linie um die größeren Unternehmen), 8 Prozent bedienen sich staatlich registrierter Schutzdienste und 15 Prozent sind bereit, in diesem Falle kriminelle Gruppierungen um Hilfe zu bitten. Etwa ein Drittel gab keine Antwort.[365] Bei der Entscheidung, sich kriminellen Gruppen anzuvertrauen, sollte man sich darüber bewußt sein, daß es schwierig ist, diesen einmal eingeschlagenen Weg wieder zu verlassen.[366] Außerdem werden die entspre-

363 Vgl. Gubina / Rubtschenko, 15.06.98; S.16f.
364 Vgl. Hassel, 19.03.99; S. 3.
365 Vgl. Radaew, 1998; S. 189ff.
366 Ebenda; S. 208.

chenden Unternehmer überdurchschnittlich häufig mit gewalttätigen Methoden konfrontiert.[367] Bemerkenswert ist, daß die von Radaew befragten Führungskräfte größerer Unternehmen erklärten, keine hoch einzuschätzenden Ausgaben für Schutz und Sicherheit zu haben. Weniger geben auch diejenigen aus, die in Unternehmensvereinigungen und -verbänden organisiert sind.[368] Es gibt inzwischen auch Agenturen, die Instrumente und Methoden zum Schutz vor organisierter Kriminalität erarbeitet haben.[369]

Der Staat kommt seiner Schutzverantwortung nicht selbstverständlich nach. Vertraut man nicht dem standardmäßigem steuerfinanzierten *Polizeischutz*, werden auch von der Polizei für zusätzliche Dienste Kosten in Rechnung gestellt. Dabei kann man sich jedoch nicht unbedingt sicher sein, daß mit den staatlichen Strukturen alles reibungslos verläuft. So berichtete der Organisator eines zu großem Teil staatlich finanzierten Festivals klassischer Musik, daß irgendwann ein Offizier seiner polizeilichen Schutztruppe zu ihm kam und ihn um zusätzliche, über den vereinbarten Betrag hinausgehende rechnungsfreie Gelder bat. Um seine Gesundheit fürchtend, händigte er sie aus. Bevölkerungsumfragen offenbaren das sehr schlechte Ansehen der Polizei in den Augen der Russen. Die Gründe hierfür sind naheliegend. Oft genug nutzen die „Gesetzeshüter" die ihnen gegebene Macht aus, um sich persönlich zu bereichern.[370] Zwischen staatlichen Schutzorganen und der kriminellen Welt entstanden feine Beziehungen, deren Zweck in erster Linie die Aufteilung der Einflußsphären und Kunden ist. Es werden aber auch Geschäfte mit der Mafia gemacht.[371] In Haft befindliche Ganoven kommen immer wieder auf rätselhafte Weise frei. Der Erfolg von Untersuchungen ist oft davon abhängig, welche Seite besser zahlt oder die besseren Beziehungen hat.[372] Ein von Radaew befragter Direktor beschrieb die aktuelle Situation folgendermaßen: „Inzwischen trifft man auch schon mal auf einen Polizisten, der noch nicht gekauften und nicht käuflichen ist."[373] Unregelmäßigkeiten verschiedenster Art bei den russischen gesetzesschützenden Organen hat inzwischen auch das Innenministerium erkannt und angepran-

---

[367] Ebenda; S. 212f.
[368] Vgl. Radaew, 1998; S. 187.
[369] Vgl. Wadenpohl, 1998; S. 14; z.B. Fa. Control Risks Beratungs-GmbH.
[370] Vgl. Aleksandrova / Schestakova, 1997; S. 136.
[371] Vgl. Radaew, 1998; S. 205.
[372] Vgl. Schlott, 1996; S. 167.
[373] Vgl. Radaew, 1998; S. 204.

gert.[374] Fraglich ist jedoch, ob es gelingt in absehbarer Zeit an dem Zustand etwas zu ändern. Nötig wäre, daß sich die Polizisten stärker ihrer Verantwortung und weniger ihrer Mißbrauchsmöglichkeiten bewußt werden.

Trotzdem glaubt *Radaew,* daß das zuverlässigste „Dach" staatliche Schutzorgane sind. Damit sind aber eher inoffizielle Dienste gemeint, die qualitativ besser und billiger sein sollen.[375] Die einfachsten Formen sind, wenn ein Polizist außerhalb seiner Arbeitszeit für private Auftraggeber Schutzdienste leistet oder in seiner Arbeitszeit ausgewählten Objekten (gegen entsprechende Gegenleistungen) besondere Aufmerksamkeit schenkt.[376] Nach Angaben des russischen Innenministeriums gehören heute etwa 30 Prozent der Polizisten einer „Dach"- Struktur an, die Unternehmen gegen Entgelt ihre Schutzdienste anbietet.[377] Auf informellem Wege bedienen sich einige Unternehmer auch in größerem Stil Strukturen des Innenministeriums oder des Geheimdienstes. Der Zugang zu solchen Diensten ist jedoch schwierig. Notwendig sind hier i.d.R. die richtigen Bekannten. Nützlich sind Kontakte noch aus alten Zeiten.

Doch natürlich tritt Korruption nicht nur im Zusammenhang mit kriminellen Organisationen auf. Das Ausnutzen staatlicher Machtmittel oder der Vorteile einer öffentlichen Stellung zur Erlangung gesetzeswidriger privater oder politischer Vorteile ist in Rußland weit verbreitet.[378] *Radaew* unterscheidet drei Arten von Korruption: Die erste ist die Zahlung von *Schmiergeld* für zusätzliche bürokratische Dienste. Der Beamte soll etwas tun, wozu er eigentlich nicht verpflichtet ist. Die Weitergabe geheimer Informationen oder Leistung von inoffiziellen Schutzdiensten sind zwei Beispiele für diese Kategorie. Weitere sind die Erlangung verschiedenartiger Wettbewerbsvorteile. Man erkauft sich Vergünstigungen, Aufträge, verringert das Risiko staatlicher Sanktionen auf Gesetzesverstöße wie z.B. Steuerhinterziehung oder veranlaßt die Schädigung von Gegnern.[379] Die Abgrenzung zu den zwei nachfolgenden Kategorien beamtlicher Erpressung ist insofern schwierig, als daß die russische Realität einen Unternehmer z.T. dazu zwingt, nach Möglichkeiten der Umgehung von geschriebenen Regeln zu suchen. Dies ist dann

374 Vgl. Demtschenko, 26.03.99; S. 2.
375 Vgl. Radaew, 1998; S. 208f.
376 Ebenda; S. 204f.
377 Vgl. Hassel, 01.03.99; S. 2.
378 Vgl. Bertelsmann Universal Lexikon, 1991; Band 10; S. 110; vgl. Fursova, 1997; S. 76.
379 Vgl. Pleines, 1998 (1); S. 3f; vgl. Radaew, 1998; S. S. 59ff.

der Fall, wenn unvollkommene Gesetze unternehmerische Aktivitäten so stark behindern, daß Gesetzesbruch zur notwendigen Bedingung für unternehmerische Tätigkeit und Schmiergeld zum Instrument seiner Durchsetzung wird. Außerdem ist Bestechung so zur Normalität geworden, daß man schon keinen Vorteil mehr davon hat, sondern nur keinen Nachteil, wenn man es macht wie alle. Vertreter der Dresdner Bank empfehlen jedoch gerade ausländischen Unternehmen, sich genau an die Gesetze zu halten.[380]

Die anderen zwei Korruptionsformen fallen in den Bereich beamtliche Erpressung. Bei *Wucherei* werden Leistungen für die Ausführung von Tätigkeiten verlangt, zu denen der Beamte verpflichtet ist, sie auszuführen. Wenn künstliche Barrieren überwunden werden müssen, der Beamte also bewußt ungünstige Bedingungen schafft und wartet, daß ihm zwecks ihrer Umgehung Schmiergeld angeboten wird, spricht man von *böswilliger Erpressung*.[381]

Entsprechend dieser Unterscheidung geben also zum Teil die Manager und zum Teil die Beamten den Anstoß. Obwohl *Radaew* nur Unternehmer befragte, gaben immerhin 13 Prozent an, die Initiative gehe vom Unternehmer aus, 28 Prozent vom Beamten und 35 Prozent gaben beiden die Schuld. Ein Viertel wollte nicht antworten. Nicht wenige Unternehmer erklärten, daß sie sich die Schwäche der Beamten zu Nutze machen und auf der Suche nach brauchbaren Personen sind, die in den Dienst des Unternehmens gestellt werden können.[382]

Hat sich ein Unternehmer für eine eher aktive Strategie im Umgang mit Beamten entschlossen, steht er vor dem Problem, wer einem am ehesten bei der Erreichung seiner Ziele behilflich sein kann. In Rußland ist dies aufgrund der unklaren und wechselnden Zuständigkeiten staatlicher Institutionen besonders schwierig. Wichtig ist dabei das Entsprechen von „Bittsteller", Verantwortlichem und dem Niveau der zu lösenden Frage. In den Zentren besteht der Vorteil, daß man im Falle des Mißerfolgs die Möglichkeit hat, sich an einen anderen Beamten zu wenden. Dafür sind die Preise dort höher. In den Regionen ist das Finden der richtigen Personen schwieriger. Persönliche Beziehungen haben hier besonderen Wert.[383] Konnte man nun einen zweckdienlichen Beamten ausfindig machen, stellt sich immer noch die

---

380 Vgl. o.V.;„Dresdner Bank AG, ..."; 1997; S. 8.
381 Vgl. Radaew, 1998; S. 41f.
382 Ebenda; S. 59f.
383 Ebenda; S. 63.

93

Frage, wieviel dieser bekommen soll. In den meisten Länder, in denen „inoffizielle Dienste" eine recht große Bedeutung haben, prägte sich mit der Zeit eine Art inoffizielles Tarifsystem heraus, so daß relativ vorhersehbar ist, wieviel für bestimmte Leistungen zu zahlen ist. Existierte solch ein Kodex zwar auch in der SU, verlor er mit den Reformen weitestgehend seine Wirksamkeit und ein neuer ist noch in der Phase der Herausbildung. Folge ist teilweise ungezügelter Appetit der Staatsdiener.[384]

Auf die Frage Radaews, wie oft die Unternehmenslenker mit Korruption zusammenstoßen, antworteten 20 Prozent oft, 45 Prozent manchmal und 35 Prozent nie. Die Umfrageergebnisse lassen den Schluß zu, daß die Häufigkeit solcher Fälle nicht zurückgegangen, sondern sich eher leicht erhöht hat. Problematisch ist nach den Worten eines Unternehmers aber nicht, daß öfter Schmiergelder erwartet werden, sondern daß im entsprechenden Falle mehr genommen wird. Der Maßstab der Korruption hat sich erhöht. Das geht soweit, daß bis zu 10 Prozent z.B., einer bewilligten Subvention einbezogen werden. Auffällig ist auch die Offenheit, die in den letzten Jahren in diesem Spiel Einzug gehalten hat.[385]

Vielen Russen scheint es heute unmöglich, ohne Gesetzesverstöße und Bestechung arbeiten oder gar leben zu können.[386] Das wird in verschiedenen Untersuchungen und so auch in denen Radaews deutlich. Lediglich 20 Prozent der von ihm Befragten gaben an, daß dies klar möglich und 42 Prozent, daß es nur mit Schwierigkeiten möglich ist. Die Proportionalität von Häufigkeit der Bestechungsfälle und Höhe „inoffizieller Aufwendungen" ist naheliegend. Logisch nachvollziehbar und doch interessant ist auch die Erkenntnis, daß diejenigen, die hohe Schmiergelder zahlen, auch eher glauben, daß es unmöglich ist, dies nicht zu tun, während die, die solche Aufwendungen eigentlich gar nicht haben, der Meinung sind, die Umgehung sei möglich.[387] Es ist tiefergehend zu untersuchen, ob erstgenannte Gruppe ihr Handeln mit dem Glauben an die Notwenigkeit eben dieses Handelns rechtfertigt, obwohl objektiv kein Zwang besteht oder ob die unterschiedlichen Einschätzungen eher unternehmens- oder branchenabhängig sind.

[384] Ebenda; S. 65.
[385] Vgl. Radaew, 1998; S. 44ff.
[386] Vgl. Fursova, 1997; S. 76.
[387] Vgl. Radaew, 1998; S. 47f.

Die Ergebnisse der Umfrage zu dieser Arbeit lassen schlußfolgern, daß die Situation auch bei deutschen Firmen nicht viel anders aussieht. Fast 50 Prozent gaben an, daß sie Bestechung für unumgänglich halten, wobei weitere 20 Prozent diese Frage nicht beantworten wollten. Daß Geschenke und ähnliches selbst dafür verlangt werden, daß Beamte ihre Pflicht erfüllen, glaubten ganze 83,9 Prozent, woraus geschlossen werden kann, daß der größte Teil der deutschen Unternehmen in Rußland mit Korruption in Berührung gekommen ist. Immerhin 27 Prozent gaben zu, daß inoffizielle Zahlungen an Beamte für sie ein willkommenes Mittel sind, um die instabile, undurchsichtige und widersprüchliche russische Gesetzgebung zu umgehen. Über ein Fünftel beantwortete diese Frage nicht. Die kompletten Ergebnisse finden sich im Anhang in *Tabelle 6*.

In seinen tiefergehenden Interviews versucht *Radaew* den Korruptionsmarkt konkreter zu beschreiben und nennt einige Faktoren, die Einfluß darauf haben, ob und in welcher Form ein Unternehmen mit Korruption in Kontakt kommt.[388] Zunächst stellt er fest, daß es einen Zusammenhang zwischen der Zahl der Inspektionen verschiedener Kontrollorgane und der Höhe der Zahlungen für „inoffizielle Geschäftsdienste" gibt. Eine große Zahl von Unternehmen klagt über diese Inspektionen, die vor allem von der Steuerprüfung, dem Gesundheitsamt und der Brandschutzaufsicht durchgeführt werden. Nicht selten finden die den normalen Arbeitsablauf störenden Besuche der meist unerwartet auftauchenden Inspektoren mehrmals im Monat statt.[389] Ein weiterer Faktor ist die Größe des Unternehmens. Obwohl große Unternehmen i.d.R. in intensiverem Kontakt mit Behörden stehen, ist es fraglich, ob sie im Vergleich zu kleineren eine größere Last zu tragen haben. Vielmehr zeigt sich, daß kleine Unternehmer seltener der Meinung sind, daß ohne Schmiergeld eine erfolgreiche Arbeit möglich ist.[390] Kleine und mittelständische Unternehmen scheinen stärker unter beamtlicher Erpressung zu leiden. Große hingegen versuchen sich eher Vorteile über Schmiergeldzahlungen zu verschaffen. Sie könnten auch ohne dem gut leben, wären vielleicht nur nicht so erfolgreich.[391] Von Bedeutung ist auch die Geschäftssphäre. Betroffen sind in erster Linie Branchen mit hoher Mittelumlaufgeschwindigkeit. Finanzinstitute, Groß- und Einzelhandel sowie Produzenten von Waren des täglichen Bedarfs unterliegen traditionell einer

---

[388] Ebenda; S. 49ff.
[389] Vgl. Radaew, 1998; S. 37ff.
[390] Ebenda; S. 58.
[391] Ebenda; S. 60f.

intensiveren Kontrolle unterschiedlichster Behörden. Auch werden Unternehmen dieser Branchen verstärkt von kriminellen Strukturen kontrolliert. Einfluß hat weiter, inwiefern man auf den Erhalt und die Verlängerung z.B. von Lizenzen angewiesen ist, man auf staatliche Ressourcen zugreift und halblegale oder kriminelle Mittel zur Zielerreichung einsetzt. *Radaew* stellt auch einen Zusammenhang zwischen Humankapital[392] der befragten Führungsperson und Korruption her. Seine Zahlen lassen eine eindeutige Tendenz in der Richtung erkennen, daß, je höher das Niveau des Humankapitals ist, desto häufiger glauben entsprechenden Personen von Beamten erpreßt zu werden und umgekehrt. Ursachen können u.a. eine unterschiedliche Wahrnehmung sein, oder daß die „Besseren" in Bereichen arbeiten, die für Erpressung und Bestechung anfälliger bzw. interessanter sind.[393] Aus den Befragungen geht ebenfalls hervor, daß Unternehmer, die ein eher positives Verhältnis zu den Behörden haben und die versucht sind, sich an die Gesetze zu halten, auch seltener von Beamten erpreßt werden. Die Unternehmen, die ihr Verhältnis konfliktreich beschreiben und diejenigen, die sich freikaufen, klagen über höhere inoffizielle Ausgaben und bedeutend häufiger über beamtliche Erpressung. Am besten ergeht es denen, die meinen, daß man sich gegenseitig nicht in die Sachen des anderen mischt und ein gleichberechtigtes Verhältnis anstreben.[394] Dieser Zusammenhang sollte jedoch konkreter untersucht werden, da nicht ausgeschlossen ist, daß *Radaews* hier Folge und Ursache vertauscht und u.U. externe Einflüsse nicht ausreichend berücksichtigt wurden. Einleuchtend ist zweifellos, daß von demjenigen, der einmal begonnen hat, Probleme mit dem Mittel der Bestechung zu lösen, häufiger derartige Geschenke erwartet werden.[395]

Bei höheren Beamten verändert sich die Beziehung zwischen Unternehmer und Beamten hin zu einem „System des Leistungsaustausches". Es wird nicht mehr mit Geld geschmiert, sondern man vereinbart, daß ein Familienangehöriger in der Firma angestellt wird, daß irgendwelche dringenden Arbeiten, die nicht aus dem laufenden Haushaltsbudget gezahlt werde können, ausgeführt werden oder daß man

---

[392] Er bestimmt das Niveau des Humankapitals nach den Kriterien: 1. Erhalt einer Spezialausbildung,„Finanzen",„Management" oder ähnlichem; 2. Besitz persönlicher Zertifikate, Lizenzen, Empfehlungen...; 3. Beherrschung wenigstens einer Fremdsprache; 4. Fähigkeit mit einem Computer umzugehen; vgl. Radaew, 1998; S. 53.

[393] Vgl. Radaew, 1998; S. 53f.

[394] Ebenda; S. 71ff.

[395] Ebenda; S. 68.

einer bestimmten Firma einen Auftrag erteilt.[396] Der letztgenannte Fall ist im Zusammenhang mit der engen Verknüpfung politischer und wirtschaftlicher Macht in Rußland zu sehen. Bei höheren Beamten ist eine Tendenz zu einem neuen Verantwortungsbewußtsein erkennbar. Sie lassen sich zwar schmieren, fühlen sich dann aber auch für den Erfolg des Projektes, für ein gutes Resultat verantwortlich. Sie unterstützen einen bei der Durchführung und schützen z.B. vor lästigen Inspektionen.[397] Im nächsten Schritt verfährt man nicht mehr nach dem Prinzip „Du mir, so ich Dir", sondern es bildet sich eine gegenseitige strategische Partnerschaft heraus.[398]

Damit ist man bei der Bedeutung persönlicher Beziehungen angelangt. Gute Kontakte zu politischen Einflußträgern und Staatsdienern verschiedenster Ebenen sind in Rußland sehr wichtig. Zum Teil ist auch diese Erscheinung auf die sowjetische Wirtschaftspraxis zurückzuführen. Mit guten Beziehungen zu den richtigen Leuten ließen sich verschiedenartige Vorteile für den Betrieb oder auch sich selbst herausschlagen. Zum Beispiel hing die Bewilligung von Investitionsgeldern maßgeblich von der Entscheidung entsprechender Personen in der Planungsbehörde ab. Eine an der Rentabilität orientierte Investionsrechnung war aufgrund der Besonderheiten des planwirtschaftlichen Systems schwierig. Ermessensspielräume dieser Art waren die Grundlage für die Bildung informeller Beziehungen. Hat sich in den letzten Jahren auch viel für die Unternehmen geändert, existieren noch immer weitreichende Abhängigkeitsbeziehungen zu staatlichen Organen. Diese verfügen auch heute aufgrund der unklaren Kompetenzverteilungen und Gesetzgebung über z.T. große Ermessensspielräume. Hinzu kommt, daß Politiker und andere Staatsdiener genauso wie wirtschaftliche Eliten häufig der Meinung sind, in ihrem Einflußgebiet allmächtig herrschen zu können. Dabei setzen sie sich teilweise bedenkenlos über geschriebene Regeln hinweg. Gerechtigkeit stand und steht in Rußland häufig über den Gesetzbüchern und bezieht sich dabei auf das Gerechtigkeitsempfinden der gerade Herrschenden. Auch die sowjetische Verfassung und die sowjetischen Gesetze wurden ziemlich häufig auf dem Wege von „Verordnungen" und ähnlichem gebrochen.[399] Maßgeblich entscheidend für den Erfolg eines Investitionsprojektes sind damit die Verhandlungen mit den politischen Führun-

---

[396] Vgl. Radaew, 1998; S. 68f.
[397] Ebenda; S. 247f.
[398] Ebenda; S. 68.
[399] Vgl. Stepin, 1997; S. 34f.

gen. Ihr Einfluß wird deutlich, wenn man betrachtet, in welchem Umfang in Rußland mehr oder weniger unkontrolliert und ungesteuert Vergünstigungen vergeben werden. Diese sind Gegenleistungen für verschiedenartige Dienste, wie z.B. Schmiergelder, Pressekampagnen, dienen als Schadensersatz und sind Belohnung für Treue und Freundschaft oder einfach nur nationalpatriotisch begründet. Ein kurioses Beispiel sind die Zollerleichterungen für die Einfuhr von Hilfsgütern, die der Kirche seit längerem gewährt werden. Diese ließen sie zum zeitweise größten russischen Zigarettenimporteur werden.[400] Ein anderes mit deutscher Beteiligung ist die Vergabe einer Lizenz für die Ausfuhr von Aluminium an die deutsche *Burda-Moden*, wobei die Umstände dem Autor hier nicht bekannt sind und kein Mißbrauch unterstellt werden soll. Nicht unerwähnt darf bleiben, daß der Konkurrenzkampf auf dem „Markt der Vergünstigungen", vor allem in Bezug auf Außenhandelslizenzen, schon einige Opfer gefordert hat.[401]

Grundsätzlich kann man sagen, daß persönliche Beziehungen in etwa die gleichen Möglichkeiten bieten, wie Schmiergeldzahlungen. Ehemaligen hohen Beamten werden Millionenbeträge an Gehalt geboten, damit diese für ihren neuen Arbeitgeber alte Kontakte arbeiten lassen.[402] Doch unter Umständen sind solche Beziehungen auch notwendige Bedingung, um zu seinem Recht zu kommen. Zum Beispiel meint *Radaew*, daß es sich im Falle, daß man sich genötigt fühlt, die Hilfe der Polizei in Anspruch nehmen zu müssen, empfiehlt, dort seine Bekannten zu haben. Geht man einfach so zur Polizei, ist mit wenig Hilfe zu rechnen, wenn nicht sogar mit Unannehmlichkeiten.[403]

In Reaktion auf ungerechte Behandlung von Staatsseite nutzen russische Unternehmer eher individuelle Beziehungen zu staatlichen Organen als Lobbyismus über große Parteien oder Unternehmensverbände.[404] Daß Richter aufgrund persönlicher Beziehungen zu Anwälten und der Höhe der Schmiergelder entscheiden, wer Recht bekommt, scheint nicht die Ausnahme zu sein.

Die auf Korruption und Beziehungen basierenden „Sonderregelungen" untergraben Rechtserwartungen, beschränken die Wettbewerbsfreiheit und sorgen damit für

---

[400] Vgl. Wadenpohl, 1998; S. 12.
[401] Vgl. o.V.; Wostok 3/97 (2); S. 32ff; vgl. o.V.;„Wirtschaft und Recht in Osteuropa", 2/98; S.77.
[402] Vgl. Schmidt-Häuser, 1998; S. 68f.
[403] Vgl. Radaew, 1998; S. 208f.
[404] Ebenda; S. 80.

98

Unsicherheit.[405] Der Schutz vor Kriminalität ist genauso wenig gewährleistet wie der des Eigentums. Die mangelnde Vorhersehbarkeit erhöht das Risiko langfristiger Projekte.[406] Das Beziehungsgeflecht staatlicher und wirtschaftlicher Einflußträger ist Grundlage für das heutige Wirtschaftssystem in Rußland. Eines der Grundprinzipien, auf denen das klassische Unternehmertum basiert, ist die Trennung politischer und wirtschaftlicher Macht. In Rußland ist dies zur Zeit sowohl auf föderaler als auch auf regionaler Ebene weitgehend nicht gewährleistet. Reichtum ist Instrument zur Macht und Macht zum Erlangen von Reichtum. Diese Verknüpfung ist Hindernis bei der Bildung eines demokratischen Systems und führt zu einem Regime persönlicher Interessen.[407] Das Zusammenfallen von politischer und wirtschaftlicher Macht hat in Rußland Tradition und findet im Wertesystem keine grundsätzliche Ablehnung.

Eine Schlüsselposition in diesem Geflecht nehmen die Finanz-Industriellen-Gruppen (FIG) ein.[408] Die FIGs kontrollieren Finanzinstituten, Industrie-, Transport- sowie Handelsunternehmen und auch weitreichend die Massenmedien. Bemerkenswerten Einfluß auf die Bildung der öffentlichen Meinung haben die Köpfe solcher Gruppen wie *Gusinskij (Most-Gruppe)*, *Potanin (Onexim)* oder *Beresowskij*.[409] Es ist wohl nicht übertrieben zu sagen, daß *Jelzin* auch deshalb 1996 wiedergewählt wurde, weil die Medien deutlich Wahlkampf für ihn betrieben und seinen kommunistischen Gegner entweder kaum erwähnten oder ihn in Nachrichten und Reportagen in einem schlechten Licht erscheinen ließen. Ein halbes Jahr vor seinem Wahlsieg lag *Jelzin* weit abgeschlagen hinter seinem Konkurrenten. Die Medien sind Sprachrohr und Waffe der Eliten. Und diese Waffen werden nicht nur im politischen Konkurrenzkampf eingesetzt. Zum Beispiel gelang es *Beresowskij* im Jahre 1998 die Fluglinie *Transaero*, die der bedeutendste russische Konkurrent der von ihm kontrollierten Linie *Aeroflot* ist, unter anderem durch die Verbreitung von zum Teil unwahren Nachrichten über seine Medien, nachhaltig zu

[405] Vgl. Panarin, 1997; S. 46f.
[406] Vgl. Dimitriev, 1997;; S. 42ff; (dort in Bezug auf die Probleme russischer Investoren bei der Realisierung von Investitionsprojekten von Forschungseinrichtungen); vgl. Don, 1998; S. 26.
[407] Vgl. Panarin, 1997; S. 44.
[408] Vgl. Wadenpohl, 1998; S. 7.
[409] Vgl. Krylow, 1998; S. 57f; vgl. Schäfer, 1998; S. 717; vgl. Mittel- und Osteuropa-Jb. 1997/98 – Band 1; S. 207.

schädigen. In Zeitungen und dem Fernsehen wurde die Flugsicherheit der Transaeromaschinen in Frage gestellt.

Noch brisanter stellt sich die Situation dar, wenn man in diesem Beziehungsgeflecht darüber hinaus kriminelle Einflußträger findet. Westliche Geheimdienste glauben, daß das russische organisierte Verbrechen von Politik und Wirtschaft geschützt und unterstützt wird. Das russische Innenministerium schätzt, daß 40 Prozent der privaten und 60 Prozent der staatlichen Unternehmen sowie etwa 50 Prozent der Banken vom organisierten Verbrechen kontrolliert werden. Damit wären etwa zwei Drittel der russischen Wirtschaft direkt oder indirekt in der Gewalt der Mafia.[410] In der Politik begnügt man sich nicht damit, persönliche Beziehungen und Geld spielen zu lassen. Es werden Schlüsselpositionen besetzt. So soll z.B. ein ehemals hoher Petersburger Politiker im Zuge von Privatisierungen mindestens 4 Morde aus wirtschaftlichem Interesse in Auftrag gegeben haben.[411]

Mit dem Hintergrund der Verflechtung politischer, wirtschaftlicher und krimineller Macht muß der konsequente Reformwille der politischen Eliten mißtrauisch betrachtet werden, da die Reformen eine Gefahr für die bestehende Machtverteilung darstellen können. Veränderungen auch in der Gesetzgebung kommen nur zustande, wenn sie den Interessen der Verantwortlichen zumindest nicht widersprechen. Die Verantwortung, die man aufgrund seiner Stellung trägt, scheint oft untergeordnet wahrgenommen zu werden. In diesem Licht sind auch die großen Privatisierungen zu sehen, bei denen sich kräftig bereichert wurde und wird. Aufgrund des Ausmaßes dieses Beziehungsgeflechtes, ist fragwürdig, ob mit stärkerer Kontrolle und rechtlichen Instrumenten hier etwas zu erreichen ist. Wirkungsvolle Verbesserungen ließe wohl nur der langsame Prozeß einer Bewußtseinsveränderung erwarten.

6.3. Persönliche Beziehungen und Korruption als Erfolgsfaktor für ausländische Unternehmen

Der Wert guter Kontakte und in gewissem Umfang auch die Bedeutung von Korruption sollten auch ausländischen Firmen bewußt sein. Dabei soll nicht empfohlen werden, seine Moralvorstellungen über Bord zu werfen. Es gibt zudem in Deutschland ein Gesetz, das die Bestechung ausländischer Staatsdiener zumindest

---

[410] Vgl. o.V.; GUS-Barometer; Nr. 17, Juli 1998.
[411] Vgl. Hassel, 01.03.99; S. 2.

bei Auftragsvergaben unter Strafe stellt. Kleinere Schmiergelder wie z.b. für eine schnellere Zollabfertigung oder ähnliches sind nicht eingeschlossen. Experten meinen, daß das Gesetz zwar leicht zu umgehen ist, doch sollte auf diese Weise wohl ein Zeichen gesetzt werden. Natürlich lassen sich Beispiele finden, in denen auch ausländische Firmen mit Hilfe von Beziehungen und Schmiergelderzahlungen in Rußland große Gewinne einstrichen. Eines das Anfang des Jahres 1999 in den Zeitungen für Aufsehen sorgte, ist der Fall der Schweizer Baufirma *Menateb*. Diese konnte sich mehrere Großaufträge nicht nur mit gewissen Gefälligkeiten, sondern auch über den Aufbau freundschaftlicher Beziehungen zu hohen föderalen und regionalen Politikern bis hin zu *Jelzin* sichern.

Trotz der weitverbreiteten Korruption sollte man mit Schmiergeldern und Geschenken, gerade wenn man die Spielregeln nicht kennt, vorsichtig sein. Macht man derartige Aufmerksamkeiten zum falschen Zeitpunkt bei der falschen Person, kann dies auch in Rußland zu Unannehmlichkeiten führen.

Doch nicht immer muß offensichtlicher Mißbrauch vorliegen. Lobbyarbeit mit staatlichen Institutionen sollte in Rußland ernsthaft, dauerhaft und mit guten Argumenten betrieben werden, wobei das beste Argument immer noch Direktinvestitionen in großem Umfang sind.[412] Gerade auf regionaler Ebene lassen sich Sonderregelungen und Vergünstigungen aushandeln. Dort hat man erkannt, daß Steuervergünstigungen ein gutes Instrument sind, um Investoren anzulocken.[413] So zahlte *Coca-Cola* im Orlover Gebiet über mehrere Jahre keine Steuern, nachdem es sich in Abmachungen mit regionalen Instanzen zu einem bestimmten Umfang an Investitionen verpflichtete.[414] Anfang des Jahres 1999 gewährte *Daewoo,* der schon länger mit den Koreanern zusammenarbeitenden FIG *Doninvest* einen Kredit über $ 500 Mio. auch deshalb, weil die Administration des Rostover Gebietes dem zur Gruppe gehörenden *Taganroger Autowerk (TagAS)* Steuererleichterungen im Umfang von etwa $ 430 Mio. zusagte. Seit letztem Jahr werden in diesem Werk auf Lizenz und unter russischem Namen drei Daewoo-Modelle gebaut.[415] Noch einmal sei darauf hingewiesen, daß die konkreten Verhandlungen der Schlüssel zu solchen Abkommen sind. Finanzielle Unterstützung für private Investitionsprojekte von Seiten des russischen Staates sind auf formellem Wege kaum zu erwarten. Grund-

[412] Vgl. Wadenpohl, 1998; S. 109.
[413] Vgl. Joudanov, 1998; S. 81; vgl. o.V.; bfai-Info Osteuropa, 2/98; S. 5.
[414] Ebenda; S. 82.
[415] Vgl. Rakul, 15.09.98; S. 7; vgl. Muchina; 22.02.99; S. 27.

sätzlich können zwar Mittel beantragt werde, das Genehmigungsverfahren ist jedoch sehr bürokratisch und fragwürdig.[416]

Ein gutes Verhältnis gerade zu regionalen Regierungen schützt vor legalen oder illegalen Angriffen verschiedenster Interessengruppen und beugt gegen das Unternehmen gerichteten Maßnahmen vor. Vertreter des deutschen Unternehmens *Knauf*, dem 1998 Steuerhinterziehung in großem Umfang vorgeworfen wurde, wunderten sich, daß sie von einem unbeteiligten Unternehmen in mehreren Schreiben über die geplanten Aktivitäten der Polizei und Gerichte unterrichtet wurden. Gleichzeitig machte eben dieses Unternehmen ein Übernahmeangebot für das Werk, das Steuern in Höhe von 18,5 Mio. DM nachzahlen sollte. Man konnte sich des Eindrucks nicht erwehren, daß sich hier Staatsorgane mißbrauchen ließen.[417] Regionale Machthaber schützen ihre Schäfchen vor den Konsequenzen von Gesetzesverstößen oder sind ihnen bei solchen behilflich.[418] Voraussetzung ist, daß das Schaf nicht gegen die Interessen eines anderen zur Herde gehörenden Tieres verstößt. Zufrieden war sicher eine finnische Holzfirma mit der Administration Kareliens, die sie vor unangenehmen Untersuchungen der Umweltschutzorganisation *Greenpeace* schützte.[419]

Doch nicht nur das Verhältnis zu staatlichen Organen sollte gepflegt werden. Ein österreichisches Forscherteam von der Wirtschaftsuniversität Wien führte in acht deutschen und österreichischen Unternehmen Befragungen zu deren Arbeit in Rußland durch. Den Führungspersonen wurden mehrere Thesen vorgelegt, denen sie zustimmen oder eben nicht zustimmen sollten. Große Zustimmung bekamen dabei neben der Aussage, daß gute persönliche Beziehungen bürokratische Prozesse erleichtern und beschleunigen auch solche wie: „Um ein Geschäft mit einer russischen Firma abwickeln zu können, sind gute persönliche Beziehungen zu den ausschlaggebenden Personen unumgänglich.", oder „Es ist üblich und wichtig, durch Einladungen, kleine Geschenke und sonstige Aufmerksamkeiten die russischen Geschäftspartner günstig zu stimmen."[420] Es arbeiten die gleichen Mechanismen wie unter russischen Partnern.

---

[416] Vgl. Don, 1998; S. 26.
[417] Vgl. o.V.; OSTinvest, 23.10.98; S.10.
[418] Vgl. o.V.; Ost-Wirtschafts-Report, 29.5.98; S. 218f.
[419] Vgl. o.V.; Ost-Wirtschafts-Report, 10.07.98; S. 264.
[420] Vgl. Baumgart/Jäncke, 1997; S. 137.

Aufgrund der schlechten Zahlungsfähigkeit der russischen Partner sind westliche Unternehmen gezwungen, ihnen finanziell entgegenzukommen, was natürlich beträchtliche Risiken mit sich bringt.[421] Häufig wurden Auslandsgesellschaften vom russischen Partner übervorteilt und betrogen.[422] Gelingt es, ein freundschaftliches Verhältnis aufzubauen, wachsen die moralischen Hemmschwellen für Betrügereien. Erfolgt die Zahlung zwar auch dann nicht immer pünktlich, bekommt man jedoch i.d.R. sein Geld.[423] Zum Teil werden sogar Problemlösungen gefunden, zu denen die Beteiligten rechtlich gar nicht verpflichtet gewesen wäre. Der Zugang zu oben beschriebenen Netzwerken ist auch für ausländische Unternehmen interessant. Dies u.a. deshalb, weil offensichtlich auch ausländische Firmen ihren Vertrauensbonus in Rußland z.T. verspielt zu haben scheinen. In den Interviews *Radaews* erklärten einige Unternehmer, inzwischen auch westliche Partner nach schlechten Erfahrungen genauer zu prüfen.[424]

Auf die Bedeutung persönlicher Beziehungen weisen auch Vertreter der *Dresdner Bank AG* hin. Einer der ersten Schritte der Bank bestand im Aufbau persönlicher Kontakte zu städtischen Administrationen, zur Zentralbank und der russischen Bankenkonkurrenz. Sie haben die Erfahrung gemacht, daß unter diesen Umständen Verhandlungen in Rußland zwar länger dauern, bei Geschäftsabschluß die Vertragspartner aber vertragstreu sind.[425]

Schwierigkeiten bereitet gerade ausländischen Managern der Aufbau solcher Beziehungen. Zum einen bleiben ihnen, die zumeist als Fremde wahrgenommen werden, die Beziehungsgeflechte alter Verbindungen ohne Mittler eher verschlossen. Ein zweiter Aspekt sind ganz sicher kulturelle Unterschiede. Aus diesem Grund scheint es ratsam, nach Menschen zu suchen, die über langjährige Kontakte mit Russen verfügen. Für deutsche Firmen ist hier z.B. an das ehemalige ostdeutsche Führungspersonal zu denken. Die DDR-Direktoren haben häufig alte Kontakte und verfügen über ein größeres kulturelles Verständnis sowie bessere Sprachkenntnisse. Damit können sie Brückenfunktionen übernehmen. Für den Aufbau eines Vertrauensverhältnisses sollte sich auch außerhalb des Geschäftsum-

[421] Vgl. o.V.; Ost-Wirtschafts-Report, 20.02.98 (2); S. 73.
[422] Vgl. o.V.; Wostok 3/97 (1); S. 28f.
[423] Vgl. o.V.; Ost-Wirtschafts-Report, 20.02.98 (2); S. 73.
[424] Vgl. Radaew, 1998; S. 126.
[425] Vgl. o.V.; Dresdner Bank AG, 1997; S. 8f.

feldes Zeit genommen werden.[426] Grundsätzlich werden kleine Aufmerksamkeiten in Rußland geschätzt. Dabei sind hier nicht solche gemeint, bei denen der Beschenkte weiß, was man von ihm dafür erwartet. Sehr angenehm fallen auch Gratulationen zu besonderen Anlässen auf.[427]

In diesem Zusammenhang soll auch auf einige Aspekte hingewiesen werden, die für oder gegen die Organisationsform eines Joint Ventures sprechen. Ist der Ausländer hundertprozentiger Eigentümer, lassen sich zwar vielfältige Ziel- und Verhaltenskonflikte vermeiden, der Transfer von Technologie-, Produkt- und Management-Know-how ist unkomplizierter und eine tragfähige Unternehmenskultur läßt sich weitaus leichter herausbilden. Dem stehen aber auch deutliche Vorteile eines Gemeinschaftsunternehmens gegenüber. Das Wissen des russischen Partners in Bezug auf lokale Besonderheiten, seine Kontakte zur Geschäftswelt, zu Kunden und Lieferanten, den staatlichen Verwaltungsorganen, öffentlichen Institutionen, Gewerkschaften und anderen externen Interessengruppen sind von unschätzbarem Wert. Da Joint Ventures auch als inländische Unternehmen wahrgenommen werden, genießen sie höhere Akzeptanz bei der Öffentlichkeit und den politischen Einflußträgern. Von konkret materieller Bedeutung ist dies zum Beispiel bei Verhandlungen über steuerliche oder andere Vergünstigungen.[428] Aber auch wenn kein Gemeinschaftsunternehmen gegründet wird, empfiehlt sich die Einbeziehung mindestens einer russischen Führungsperson mit Landes- und Sprachkenntnissen zum Aufbau und zur Pflege der Kontakte zu verschiedenen Interaktionspartnern.[429]

---

[426] Vgl. Janoschka/de Graaf, 1997; S. 16.
[427] Vgl. Bfai (Hrsg.); 1998; S. 49.
[428] Vgl. Holtbrügge, 1996 (1); S. 27.
[429] Vgl. o.V.; Dresdner Bank AG, 1997; S. 8f.

7. RECHTLICH-POLITISCHE NORMEN

„Die Rechtsordnung eines Staates besteht aus der Gesamtheit der in ihm erlassenen positiven (schriftlich fixierten) Rechtsnormen und den gewohnheitsrechtlichen Regelungen, (...)."[430] In einer Gesellschaft ohne externe Einflußnahme bilden sich geschriebene Regelungen aus den Wertvorstellungen sowie den sozialen Beziehungen und Bindungen heraus. Sie bilden die höchste kulturelle Schicht im Dülferschen Modell.[431] Aufgrund dessen, daß der Verstoß gegen diese Regelwerke in einer gefestigten Ordnung direkt zu erwartende Sanktionen nach sich zieht, schenken viele Autoren aus Ländern mit gefestigten Ordnungen dem poltitischrechtlichen System bei der Standortbewertung überdurchschnittlich große Bedeutung. So auch in Rußland, wo von vielen in- und ausländischen Geschäftsleuten rechtliche und politische Unzulänglichkeiten noch immer als die Haupthindernisse für unternehmerisches Handeln angesehen werden.[432] In der Rangfolge des „Index of Economic Freedom", als einer Kennziffer, die in erster Linie rechtliche und politische Rahmenbedingungen bewertet, fand sich Rußland 1997 auf dem 115. Platz der betrachteten 150 Nationen wieder.[433] Auch die im Rahmen dieser Arbeit Befragten bestätigten dieses Bild. Es wurde ihnen die Frage gestellt, welche Probleme die Arbeit der Unternehmen am stärksten behindern. Nahezu jeder Befragte klagte über Schwierigkeiten im Zusammenhang mit dem rechtlichen und politischen System. Nachfolgend wird zunächst ein grober Überblick über das politische System sowie die politische Gegenwart gegeben. Daran anschließend sollen die allgemeine Rechtslage und ausgewählte Rechtsgebiete kurz kommentiert werden.

7.1. Das politische System sowie die politische Gegenwart

Formal ist Rußland der Status einer Demokratie zu geben. Es finden regelmäßige Wahlen der regionalen Führungen, der Duma und des Präsidenten statt. Aus den gewählten Führungen der regionalen Subjekte setzt sich der Föderationsrat zusammen. Der Präsident schlägt den Premierminister vor, der von der Duma bestätigt werden muß. Danach kann der Premier die Regierung bilden. Der Gedanke,

---

[430] Dülfer, 1997, S. 388.
[431] Vgl. Dülfer, 1997, S. 388f.
[432] Vgl. Wadenpohl, 1998; S. 7; vgl. Busygina, 1998; S. 1103.
[433] Ebenda; S. 62f.

daß die Russen einen starken gerechten Führer brauchen, will das Land zu Wohlstand kommen, ist weit verbreitet und spiegelt sich in der politischen Realität wieder. Die Macht von Regierung, Duma und Föderationsrat ist ungleich kleiner als die des Präsidenten, der nahezu königsgleich regieren kann. Zum einen gestattet ihm die Verfassung, Gesetze per Erlaß zu verabschieden, wodurch die Entscheidung der Duma umgangen wird, zum zweiten ist er berechtigt, das Parlament beinahe jederzeit aufzulösen und für die Zeit bis zu Neuwahlen die Staatsgeschäfte relativ autonom zu führen. Es kann z.B. davon ausgegangen werden, daß im Frühjahr des Jahres 1998 *Kirjenko* nach drei Abstimmungsanläufen in der Duma nicht Premierminister geworden wäre, hätte das Parlament nicht die von *Jelzin* angedrohte Auflösung gefürchtet. Es gibt Bestrebungen die Macht des Präsidenten zu beschneiden. Ändern würde wahrscheinlich auch dies nichts, da bezüglich der Gesetzestreue eigentlich alle politischen Organe kein gutes Vorbild für die Bevölkerung sind. Natürlich lassen auch deutsche Politiker, Richter und Polizisten in ihre Entscheidungen ihr Gerechtigkeitsempfinden einfließen. Möglich machen dies in jeder Rechtsordnung vorhandene Ermessensspielräume. Wie der Kriegsbeginn im Kosovo zeigt, sind selbst hohe westliche Einflußträger bereit, geschriebene Regeln zu brechen, wenn ihnen ihre Moralvorstellungen dies gebieten. Rußland ist hier also kein Sonderfall. Unberechenbar wird die Situation dort dadurch, daß sich in der Transformationsphase auch die Wertvorstellungen neu ordnen und gerade einem Außenstehenden weitreichend unklar sind. Außerdem erschwert den Umgang des einzelnen mit den geschriebenen Regeln, daß das heutige Rechtssystem nicht mit den Russen gewachsen ist und sie nicht mit dem Rechtssystem gewachsen sind. Diese Erkenntnis ist sehr wichtig bei der Betrachtung des politischen Systems in Rußland.

Nach dem Ende der Jelzin-Ära, die, zumindest in den letzten Jahren seiner Amtszeit, von großer Unsicherheit geprägt war, wurde im Jahr 2000 *Wladimir W. Putin* zum russischen Präsidenten gewählt. Ist *Putins* Politik auch vielfach nicht geradlinig, brachte er dem Land neue Stabilität. Er hat die Regierung und die Duma gut im Griff und auch die Gouverneure, die zwischenzeitlich zu großer Macht gekommen waren, müssen zähneknirschend Kompetenzen abtreten. Putin zeigt sich dem Westen gegenüber offen, ohne zu vergessen, auf die Interessen der ehemaligen Weltmacht hinzuweisen. Insgesamt wird die Ruhe, die mit seiner Wahl eingekehrt ist, die Außenhandelsbeziehungen begünstigen.

Ein wichtiger Akteur in der russischen Politik ist der *IWF*. Die Vergabe von Krediten macht der Fonds von Bedingungen abhängig. Auf diese Weise verhinderte der Fonds z.B. 1999 den Versuch einer Steuersenkung, der wahrscheinlich überaus stimulierenden Effekte für die Wirtschaft gehabt hätte.[434] Zur Zeit ist die Last so groß, daß gerade kleine und mittlere Unternehmen in die Schattenwirtschaft getrieben werden und dann gar keine Steuern mehr zahlen. Ehrlich zu sein lohnt sich nicht, da zum Teil der gesamte Gewinn abzuführen und die Umgehung zu einfach ist.

Die Nähe zu den zentralen politischen Entscheidungsträgern war für ausländische Investoren immer ein Motiv, sich in und um Moskau anzusiedeln.[435] Die 89 Subjekte der Russischen Föderation unterscheiden sich jedoch nicht nur in Bezug auf Investitionspotentiale und -risiken, sondern auch bezüglich ihres politischen Status.[436] Die einzelnen Region, Gebiete und Republiken haben individuelle Verträge mit der Moskauer Zentralmacht und teilweise fast uneingeschränkte Autonomie. Zum Beispiel ist die Republik Tatarstan beinahe so unabhängig wie Tschetschenien. Daraus resultieren weitreichende Unterschiede im politischen und rechtlichen System. Nicht klar verteilte Kompetenzen zwischen dem Bund und den einzelnen Subjekten der RF bewirken, daß sich regionale und föderale Gesetzgebung häufig widersprechen. Berücksichtigt man noch den Führungsstil der oft fürstengleich regierenden Gouverneure schafft dies zusätzliche Unsicherheit und wirkt sich negativ auf die Verläßlichkeit von Abmachungen sowohl mit föderalen als auch mit regionalen Organen aus.[437]

Gleichzeitig werden sich aber auch immer mehr regionale Führungen der Bedeutung ausländischer Investitionen bewußt und versuchen Investoren mehr Sicherheit zu geben. Von den Regionen gehen Initiativen aus, die Rechtslage zu verbessern, Willkür örtlicher Beamter zu erschweren, Sicherheiten für eingesetztes Kapital zu geben oder Informationszentren einzurichten.[438] Bis 1998 wurden in 45 der 89 russischen Subjekte spezielle Gesetze erlassen, die auf die Regulierung von Investitionstätigkeiten hinzielen.[439] Man versucht, für Investoren im Wettbewerb der Regionen attraktiver zu werden. Auch hier ist wieder die Sonderstellung der zwei

[434] Vgl. o.V. NZZ; 18.03.1999 Nr. 64.
[435] Vgl. Reymann, 1998; S.26.
[436] Vgl. Wadenpohl, 1998; S. 6.
[437] Vgl. Busygina, 1998; S. 1106.
[438] Vgl. Joudanov, 1998; S. 81; vgl. o.V.; bfai-Info Osteuropa, 1/98; S. 9; vgl. o.V.; bfai-Info Osteuropa, 2/98; S. 5.
[439] Vgl. o.V.; Ekspert, 19.10.98; S. 31.

Hauptstädte hervorzuheben. Die Administrationen vor allem der Moskauer und Petersburger Regionen sind gegenüber marktwirtschaftlichen Veränderungen und ausländischen Investoren positiver eingestellt als die vieler anderer Gebiete. Hervorzuheben sind vielleicht noch die Region Novgorod und die Republik Tatarstan.[440] Auf der anderen Seite gibt es aber auch Regionen, die Auswege in einer Mischung aus nostalgischem Konservatismus und Radikalismus suchen.[441]

Im Rahmen der Verhandlungen der russischen Regierung mit ihren Kreditoren bezüglich ihrer ausstehenden Tilgungsverpflichtungen, wurde erneut die Schaffung von Sonderwirtschaftszonen diskutiert.[442] Bisherige Versuche in dieser Richtung hatten jedoch nur mäßigen Erfolg gebracht. So schätzte die Zeitschrift *Ekspert* das Investitionsrisiko in den zwei Sonderwirtschaftszonen Kaliningrad und Kabardino-Balkarija überaus hoch ein, wobei auch die Potentiale der beiden Regionen eher mittelmäßig bis schlecht sind.[443]

Es ist in Rußland ein Trend zu beobachten, daß Auslandsdirektinvestitionen weitaus willkommener sind als Portfolio-Investitionen.[444] Mit einem Präsidentenerlaß im Februar 1999 wurden z.B. Kraftfahrzeugherstellern zusätzliche Zollerleichterungen für die Einfuhr von Bauteilen gewährt, wenn diese innerhalb von 5 Jahren eine Summe von 1500 Mio. Rubel (damals etwa DM 115 Mio.) in die russische Produktion investieren.[445]

7.2. Ursachen und Bedeutung der Inflation

Unter Premierminister *Tschernomyrdin* (bis Frühjahr 1998 im Amt) gelang es über eine extreme Schuldfinanzierung des russischen Budgets einen stabilen Rubel vorzutäuschen. Als die Schuldenpyramide zusammenbrach, offenbarte sich auf einen Schlag die lange versteckt gehaltene *Inflation*. Die Preise, die sich langsam auf einem relativ stabilen Niveau eingependelt hatten, stiegen sprungartig.[446] Nicht nur die westliche Produkte verteuerten sich merklich. *Alexander Liwtschitz*, früherer

[440] Vgl. Reymann, 1998; S.28.
[441] Vgl. Gutnik, 1996; S. 35.
[442] Vgl. Lavrovskij, 02.11.98; S. 16f.
[443] Vgl. o.V.; Ekspert, 19.10.98; S. 26 + 31ff.
[444] Ebenda; S. 6.
[445] Vgl. o.V.; Muchina; 22.02.99; S. 27.
[446] Vgl. Russian European Centre for Economic Policy, 1998; S. 22.

Finanzminister und Wirtschaftsberater des russischen Präsidenten, bemerkte, daß die Abwertung des Rubels mit einer 50 Prozent Erhöhung der Importzölle gleichzusetzen ist und ein ziemlich großes Schutzdach über einheimischen Produzenten errichtete.[447] Die Situation wurde noch dadurch verschärft, daß viele russische Importeure mit dem Zusammenbruch des Bankensystems nicht an ihre Konten kamen. Die verschlechterten Importbedingungen können als eine neuer Impuls für Direktinvestitionen gesehen werden. Diejenigen westlichen Unternehmen, die bereits Produktionskapazitäten in Rußland besaßen, sahen sich in der Wahl ihrer Strategie bestätigt. Auf einer Pressekonferenz von Vertretern westlicher Firmen im Herbst 1998 in Moskau erklärten fast alle Unternehmen, die bereits in Rußland produzieren, daß sie ihr Engagement ausbauen werden. Gerade in der Lebensmittelbranche sind die Kostenvorteile von auf Rubelbasis produzierten Waren mit dem Kursverfall des Rubels beträchtlich gestiegen.[448] Daraus resultieren wiederum Chancen für die Investitionsgüterindustrie. Auch russische Unternehmen, wie zum Beispiel die großen Kombinate der Lebensmittelindustrie werden von der neuen Situation profitieren.[449] Berücksichtigt werden muß jedoch, daß es sich zur Zeit nicht vermeiden lassen wird, neben Produktionsanlagen teilweise auch Vorprodukte weiter einzuführen, weil sie von russischen Herstellern in der erforderlichen Qualität und termingerecht noch nicht angeboten werden. Einige westliche Unternehmen, wie *Cadbury Schweppes* oder *Procter&Gamble* mußten ihre russischen Fabriken zwischenzeitlich stillgelegen, weil die Kosten für die importierten Vorprodukte enorm gestiegen waren.[450] Auch viele für den Endverbrauch bestimmte Güter werden sich trotz ihrer Verteuerung kurzfristig nicht substituieren lassen.[451] Besonders deutlich wurde dies im August 1998, als die plötzliche Importverteuerung Versorgungsengpässe erwarten ließ, weshalb schon bald Zölle und Steuern für bestimmte Warengruppen gesenkt wurden. Milchprodukte verteuerten sich im Zuge der Krise in erster Linie, weil die lokal hergestellten Produkte importierte Verpackungen erhielten. Viele ausländische Unternehmen integrieren die Herstellung von Vorprodukten nun verstärkt in ihren Betrieben oder unterstützen unabhängige Firmen beim Aufbau entsprechender Produktionskapazitäten.[452] *Ehrmann*

[447] Vgl. o.V.; bfai-Info Osteuropa, 26/98; S. 19.
[448] Vgl. o.V.; Ost-Invest, 18.12.98; S. 8.
[449] Vgl. o.V.; Ost-Markt, S. 6.
[450] Vgl. o.V. Ost-Invest, 16. 10. 1998; S. 24.
[451] Vgl. o.V.; Ost-Markt, S. 6.
[452] Vgl. Eggers/Eickhoff/Dimant, 1996; S.138.

will z.B. in seiner Molkerei bei Moskau nur noch mit heimischen Zulieferern arbeiten.[453] Der russische Staat unterstützt solche Projekte, indem er geringere Zölle für Vorprodukte verlangt, wenn im Inland ein beträchtlicher Teil der Produktion erfolgt. Da unbefriedigte Nachfrage von russischen wie ausländischen Unternehmen registriert wird, ist mittelfristig mit einer Verbesserung der Lage zu rechnen. So hat die schwedische Firma *PLM* in der zweiten Hälfte des Jahres 1998 in Rußland mit der Produktion von Aluminiumdosen begonnen, die bisher aus Schweden und Österreich importiert wurden. Für das Jahr 1999 ist eine zweite Fertigungsstraße geplant.[454] Auch der deutsche Kunststoffhersteller *Nordenia International* plant den Aufbau von Produktionskapazitäten in Rußland.[455]

Rußland provitiert sehr stark von den gestiegenen Ölpreisen. Aufgrund dieses Umstandes bekam man das Budgetdefizit einigermaßen in den Griff. Dies läßt auch für die Zukunft relativ stabile Wechselkurse erwarten, was dem Außenhandel förderlich ist. Zudem könnte sich der Preisabstand zwischen Importgütern und im Inland produzierten Waren weiter verringern, wenn der Außenwert des Rubels langsamer sinkt, als die Inlandspreise steigen.

7.3. Der Staat in der Wirtschaft

Sowohl die regionalen als auch die föderalen Führungen greifen noch immer umfangreich in den Wirtschaftsprozeß ein. Gerade bei großen Unternehmen hält der Staat noch oft Aktienpakete, und wenn es nur eine „goldene Aktie" ist, die ihm ein Vetorecht einräumt. Zum Teil hat der Staat das Eigentum formell an private Personen abgegeben, sich jedoch weitgehende Entscheidungskompetenzen gesichert.[456] Vor allem regionale Führungen üben dabei Einfluß auf die Führung der Betriebe aus. Sie setzen oftmals *ihre* Leute auf einflußreiche Posten und bestimmen weitreichend die Unternehmenspolitik. Nicht selten werden dabei die Interessen anderer Aktionäre verletzt. Die zum Teil staatlichen Betriebe erhalten verschiedene Vergünstigungen und Subventionen.[457] Diese Umstände sollte man bei der Bewertung eines Konkurrenten aber auch der Suche nach einem Joint-Venture-Partner nicht

[453] Vgl. o.V.; Ost-Invest, 18.12.98; S. 8.
[454] Vgl. o.V.; Ost-Wirtschafts-Report, 18.12.1998; S. 492.
[455] Vgl. o.V.; Ost-Wirtschafts-Report, 04.09.1998; S. 353.
[456] Vgl. Osokina/Kazanzeva, 1997; S. 72.
[457] Vgl. Gutnik, 1996; S. 32 + 41.

unberücksichtigt lassen. In zweitem Fall muß man genau prüfen, inwieweit der staatliche Aktionär bereit ist, in der Unternehmenspolitik Kompromisse einzugehen und inwiefern die Ziele kompatibel sind. In einigen Fällen mußten westliche Firmen hier schon schlechte Erfahrungen machen. Sich im Konfliktfall auf seine festgeschriebenen Aktionärsrechte zu berufen, ist wenig vielversprechend. Gegen Gesetzesverstöße von staatlicher Seite vorzugehen, ist schwierig. Solchen Situationen sollte vorgebeugt werden, indem die Zielabstimmung sehr ernst genommen wird und ein gutes Verhältnis zu den regionalen Führungen aufgebaut wird. Von solchen Projekte grundsätzlich die Finger zu lassen, kann aber auch nicht empfohlen werden, weil den Nachteilen auch Vorteile gegenüber stehen. Es ist nicht unwahrscheinlich, daß das Unternehmen aufgrund der Möglichkeiten des staatlichen Aktionärs Sonderrechte erhält.[458]

Doch die Hand des Staates ist auch zu spüren, wenn er nicht als Eigentümer auftritt. Dabei wird der Anreiz zu konsequenten Reformen in den Unternehmen dadurch verringert, daß unproduktive Unternehmen zum Teil größere staatliche Unterstützung erhalten als gewinnträchtige. Es gehen in Rußland kaum Unternehmen in Konkurs und wenn dann fast nur kleine. Befindet sich ein großes Unternehmen in einer ernsthaften Krise, wechselt meist lediglich das Management und manchmal der Besitzer. Gibt es zweifellos ernstzunehmende Gründe für dieses Verhalten, bremst es wirkungsvolle Umgestaltungen. Außerdem fördert es die Verschuldung der Betriebe und die Praxis der Nichtzahlungen.

Der russische Staat bedient sich auch vielfach protektionistischer Maßnahmen.[459] Es gibt in Rußland ein Gesetz, das erlaubt, unter bestimmten Umständen Antidumping-, Kompensations- und Schutzzölle zu erheben und die Einfuhr von Gütern zu quotieren und zu lizensieren, wenn man durch die Einfuhr die heimische Wirtschaft gefährdet sieht.[460] Auf Basis dieses Gesetzes wurde z.B. im Juli 1998 ein zusätzlicher Einfuhrzoll in Höhe von 3 Prozent eingeführt. Begründung war dabei das Erreichen einer ausgeglichenen Zahlungsbilanz. Dieser Tatbestand ist im Gesetz als einer der Gründe für die Erhebung von Sonderzöllen festgehalten.[461] Da zum Winter 1998 mit Versorgungsengpässen gerechnet wurde, schaffte man unter anderem auch diesen zusätzliche Einfuhrzoll für eine Reihe von Produkten wie

---

458 Vgl. Holtbrügge, 1996 (1); S. 30.
459 Vgl. Wadenpohl, 1998; S. 11.
460 Vgl. Müller, 1998; S.248f; vgl. o.V.; bfai-Info Osteuropa 13/98 (2); S. 35ff.
461 Vgl. o.V.; bfai-Info Osteuropa, 19/98 (2); S.39f.

Nahrungs- oder Arzneimittel jedoch bald wieder ab. Darüber hinaus wird wie auch in andere Länder versteckten Protektionismus betrieben, indem Einfuhrbeschränkungen und Zölle mit zweifelhaften Begründungen eingeführt werden.[462]

Fast drei Viertel der im Rahmen der Arbeit Befragten bewerteten die *reellen* Import- und Exportbeschränkungen als hoch und sehr hoch. Die Zölle sind neben hohen Transportkosten und den niedrigen Preisen der Produktionsfaktoren ein Grund, warum einige russische Produzenten trotz schlechter Anlagentechnik gegenüber Importeuren bestehen können. Sie sind in der Lage, ihre Waren deutlich billiger anzubieten. Mit den Handelsbarrieren versucht der russische Staat u.a. zu signalisieren, daß Direktinvestitionen stärker erwünscht sind als Importe. Betriebsanlagen in Rußland zu errichten, ist u.a. eine Methode, Zölle zu umgehen.[463] Da der durchschnittliche Kunde in Rußland sehr preisorientiert und finanzschwach ist, scheint in vielen Marktsegmenten eine Preisführerschaftsstrategien empfehlenswert. Diese wird sich jedoch nur mit Inlandsproduktion realisieren lassen. Wie oben besprochen wurde, verstärkte die Rubelabwertung im August 1998 den Trend von Importen zur Errichtung von Produktionskapazitäten. Weil einheimische Produzenten i.d.R. mit relativ schlechter Technik arbeiten und aus verschiedenen Gründen diese nicht erneuern, dürfte mit neuen, i.d.R. importierten Anlagen bessere Qualität zu niedrigeren Kosten hergestellt werden können.[464] Gegenüber den meisten russischen Unternehmen verfügen gerade große ausländische Firmen über größere finanzielle Polster, so daß sie problematische Zeiten eher überstehen. Die Automobilindustrie ist eine Branche, in der westliche Firmen in großem Umfang in Rußland investieren. Importfahrzeuge sind russischen zwar qualitativ und technologisch überlegen, doch auch wesentlich teurer. Im Ergebnis bilden sich in letzter Zeit zahlreiche Gemeinschaftsprojekte, wie z.B. zwischen *Iveco* und *UralAS.* Die Initiatoren des Gemeinschaftsunternehmens hoffen, daß die produzierten schweren Spezial-Lkws um 20 Prozent billiger als westeuropäische Importe sein werden.[465] Der Nutzfahrzeugehersteller *MAN* sieht ein großes Potential für den Absatz von Bussen. Im Ganzen gibt es in Rußland fast 140 000 Busse, von denen der größte Teil schon jetzt oder bald erneuert werden müßte. *MAN* produziert bereits in Minsk, wo jedoch im Jahr 1998 nicht mehr als 20 Busse pro Monat verkauft wur-

---

462 Vgl. Wadenpohl, 1998; S. 11.

463 Vgl. Bernstein, 1998; S. 34f.

464 Vgl. o.V.; Ost-Markt, 10.08.98; S. 7.

465 Vgl. o.V.; bfai-Info, 15/98; S.25ff.

den.[466] Auch *Volvo* hat 1998 in Omsk mit dem Bau von Bussen begonnen.[467] *Caterpillar* montiert seit August 1998 nahe St. Petersburg.[468] Eigentlich alle großen Hersteller von Pkws planen den Aufbau von Produktionsanlagen oder produzieren bereits in Rußland.[469] Dabei muß bemerkt werden, daß heute noch hauptsächlich nur die Endmontage aus importierten Bauteilen in Rußland durchgeführt wird.[470] Für diese können jedoch Einfuhrerleichterungen ausgehandelt werden, wenn in einem bestimmten Umfang vor Ort investiert wird.

Ein Instrument im Kampf gegen Monopole und Inflation ist für den russischen Staat die Preiskontrolle. Nachdem die Unternehmen der Energie- und Rohstoffsektoren nach der Liberalisierung der Preise 1992 ihre Verkaufspreise im Vergleich zur sonstigen durchschnittlichen Preissteigerung überdurchschnittlich erhöhten, wurde über diese Güter eine staatliche Preiskontrolle verhängt.[471] Dieser unterliegen im allgemeinen die Unternehmen, die von der staatlichen Monopolkommission aufgrund einer Monopolstellung beobachtet werden. In der Regel wird dabei festgelegt, um wieviel Prozent der Preis die Herstellungskosten übersteigen darf. Das Instrument ist wenig effektiv, weil die Unternehmen einfach ihre Kosten aufblähen. Auch auf die Preise in der Lebensmittelbranche nehmen staatliche Organe Einfluß.[472] So müssen für Spirituosen bestimmte Mindestpreise verlangt werden. Bei einigen Importgütern darf der Endverbrauchspreis nur einen bestimmten Prozentsatz über dem Erstimporteureinkaufspreis liegen.[473] Aktuell wurde das Thema Preiskontrolle im Herbst 1998, als mit der Rubelabwertung einige Einzelhändler ihre Preise unverhältnismäßig stark erhöhten. In Moskau erließ die Stadtverwaltung Regelungen, die dies verhindern sollten und überprüfte in großem Umfang Einzelhändler. Im Ergebnis sanken die Preise plötzlich wieder, nachdem sie zunächst in atemberaubenden Tempo gestiegen waren.

---

[466] Vgl. o.V.; Süddeutsche Zeitung, 21.10.1998.
[467] Vgl. o.V.; Ost-Wirtschafts-Report, 07.08.98; S. 315.
[468] Vgl. o.V.; Ost-Invest, 16. 10. 1998; S. 23.
[469] Vgl. o.V.; Ost-Invest, 30.10.98; S. 27; vgl. o.V.; Ost-Invest Branchenspiegel, 08.01.99 (3); S. 50.
[470] Vgl. o.V.; bfai-Info Osteuropa 19/98 (1); S. 26ff.
[471] Vgl. Slay / Capelik, 1998; S. 236ff.
[472] Vgl. Hertz, 1997; S. 64.
[473] Vgl. Wadenpohl, 1998; S. 132.

114

Berühmt berüchtigt ist die russische Bürokratie. Institutionelle Strukturen sind trotz des Zerschlagens des alten Planungssystems weitreichend erhalten geblieben. Es existieren alte Abhängigkeits- und Kooperationsverhältnisse, isolierte Behörden üben weiter Einfluß aus und bürokratische Netzwerke arbeiten weiter zusammen.[474] Das starke Nerven, stoische Geduld und Gleichmut auch heute so wichtige Eigenschaften sind, um das Leben in Rußland meistern zu können, ist zu nicht unbedeutendem Teil das Verdienst der autoritären und unfreundlichen Beamten.[475] Schnell fühlt man sich ihnen hilflos ausgeliefert. Trägheit und Motivationslosigkeit sind vielfach gepaart mit Inkompetenz.[476] Selbst die Erledigung kleinerer Angelegenheiten kostet viel Zeit und den Verlust einiger Nerven. Oft erreicht man nur etwas mit persönlichem Vorsprechen.[477] Dabei sollte man sich seiner Rechte genauso wenig gewiß sein, wie Beschränkungen und Pflichten. In Rußland hat man oft den Eindruck, daß dort, wo man einen ruhigen Spaziergang erwartet, sich auf einmal unüberwindliche Schluchten auftun. Auf der anderen Seite entpuppt sich so manches Gebirge als Nebelwand. Russen sind diese Situation gewohnt. Ausländer neigen dazu, schnell daran zu verzweifeln. Der aufgeblähte bürokratische Apparat sowie die schlechte und unpünktliche Bezahlung der Staatsdiener fördern Korruption, wobei sich, wie in *Kapitel 6.2.* beschrieben, gerade kleinere Beamte auch erpresserischer Methoden bedienen. Politische Einflußträger sind sich dieses Problems z.T. bewußt und bemühen sich die Situation zu verbessern. Als Beispiel sei hier die Prozedur der Lizensierung genannt. Es ist in Rußland so, daß sich die Odyssee von Instanz zu Instanz, das lange Warten und Zahlen einer Reihe kleinerer und größerer Beträge in regelmäßigen Abständen wiederholt, da die Lizenzen nur eine relativ kurze Zeit gültig sind und dann erneut beantragt werden müssen.[478] Um den Unternehmen entgegenzukommen, trat 1998 ein Gesetz in Kraft, das festschreibt, daß die Laufzeit von Betriebslizenzen mindestens 3 Jahre betragen muß.[479] Vor allem regionale und kommunale Behörden verlangen jedoch oft zusätzliche Beglaubigungen. Die Beglaubigungsprozeduren tragen nach *Radaews* Meinung nicht selten erpresserischen Charakter und erhöhen ohne rechtliche

[474] Vgl. Höhemann, 1996; S.79.
[475] Vgl. Baumgart/Jäncke, 1997; S. 54ff.
[476] Vgl. Busygina, 1998; S. 1103.
[477] Vgl. Puppe, 1997; S. 21.
[478] Vgl. Radaew, 1998; S. 233ff.
[479] Vgl. o.V.; bfai-Info, 24/98 (3); S. 37ff.

Grundlage die Kosten für die Lizensierung. Aus seiner Umfrage geht hervor, daß der Erhalt der Erlaubnis wirtschaftlicher Tätigkeit der häufigste Anlaß für Schmiergeldzahlungen ist.

Mit dem nötigen Wissen und Verständnis für das Umfeld sollten die Geschäftschancen jedoch nicht an der Bürokratie scheitern. Eine gute Vorbereitung auf den Behördengang ist in Rußland sehr wichtig. Wichtig scheint die Einhaltung des Instanzenweges, ohne allerdings zu tief in der Hierarchie einzusteigen. Das kann leicht eine Odyssee auslösen. Persönliche Beziehungen zählen ebenso wie der gegenseitige Nutzen der Geschäftsbeziehungen.[480] Interessant ist, daß sich in Reaktion auf die Situation in den letzten Jahren ein neuer Dienstleistungszweig herausgebildet hat, der sich auf die Registrierung und das Besorgen aller notwendigen Lizenzen spezialisiert hat. Entsprechende Unternehmen haben Erfahrung mit den russischen Bestimmungen und ihrer Auslegung sowie in Verhandlungen mit Beamten.[481]

Mit immer rabiateren Methoden versucht der russische Fiskus, Geld in seine Kassen zu bekommen. Mit Baseballschlägern bewaffnete Polizisten besuchen Unternehmen und ermahnen sie, die Steuergesetze zu befolgen. Geschäftskonten werden gepfändet oder der Besitz der Geschäftsführer beschlagnahmt. Dabei ist es gerade in Rußland schwer, die Steuergesetze fehlerfrei anzuwenden. Aufgrund der Unübersichtlichkeit und Widersprüchlichkeit, den ständig neuen Gesetzen und Erlässen sowie der willkürlichen Auslegung der Vorschriften ist es praktisch unmöglich, akkurat dem geschriebenen Recht zu folgen. Unter Umständen werden selbst kleinsten Fehler bei der Steuerentrichtung von den Behörden automatisch als Vorsatz gedeutet. Ausländische Unternehmen sind davon nicht weniger betroffen als russische.[482] Im Herbst 1998 richteten sich der Verband der Deutschen Wirtschaft in der RF, die Amerikanische Handelskammer, der Europäische Business Club und der Konsultationsrat für ausländische Investitionen mit einem Schreiben an den damaligen Präsident *Jelzin*, in dem sich über die *Steuerwillkür* beklagt wurde.[483]

Nun soll nicht behauptet werden, daß die Vorwürfe immer unbegründet sind, die Argumente, auf die sich die Beschuldigungen stützen, sind jedoch oft genug sehr

---

480 Vgl. o.V.; bfai, 09.04.99.
481 Vgl. Radaew, 1998; S. 233ff.
482 Vgl. Makartsev, 19.10.98.
483 Vgl. o.V.; Ost-Wirtschafts-Report, 18.09.98; S. 363.

zweifelhaft und die Methoden, mit denen das Geld eingetrieben wird, unverhältnismäßig. Der wohl spekulärste Fall aus jüngster Zeit ist der des deutschen Bau-
materialien-Herstellers *Knauf*. Die örtlichen Steuerbehörden verlangten hartnäckig
eine Nachzahlung und Strafe von insgesamt 18,5 Mio. DM, die man in einem
Werk in Nischnij Nowgorod, das zu 90 Prozent in der Hand von *Knauf* ist, hinter-
zogen haben soll. Die Direktinvestitionen von *Knauf* in entsprechendem Werk be-
laufen sich auf 8,8 Mio. DM. Die Behörden betrachteten dieses Geld als Schen-
kung, die von *Knauf* verheimlicht wurde. Man verlangte jene 8,8 Mio. DM plus
einer Strafe von knapp 10 Mio. DM. Der Jahresumsatz des Werks beträgt 7 Mio.
DM. Im Juli 1998 mußte die Produktion eingestellt werden, als Betriebsvermögen
im Wert von 26 Mio. DM beschlagnahmt wurden und kurz darauf bewaffnete Ein-
heiten Computer und Fahrzeuge aus dem Betrieb entfernten. Bei der Behandlung
des Falls vor Gericht ignorierten Moskauer Richter vier entlastende Gutachten. Der
Knauf-Generaldirektor sah das Unternehmen „kalt-enteignet". Erst der Berufungs-
ausschuß des Moskauer Obersten Schiedsgerichts erklärte das Vorgehen der Behörden und der Steuerpolizei für nicht rechtmäßig.[484]

Die auf Inkompetenz und Mißbrauch basierende Willkür einiger Staatsdiener sind
wohl der Hauptgrund, warum ausländischen Entscheidungsträger noch immer um
die Zukunft ihres in Rußland eingesetzten Kapitals besorgt sind. Mit einer offiziellen Enteignung ist aber eher nicht zu rechnen. Staatliche Garantie für ausländische Investitionen in Form von Kapitalanlagen sind im russischen Auslandsinve-
stitionsgesetz festgehalten.[485]

7.4. Die russische Rechtslage

Betrachtet man die russische Rechtslage, gibt es eine Reihe von Sachverhalten, die
unabhängig vom Rechtsgebiet immer wieder auftauchen: Die Gesetze sind unklar,
widersprüchlich, ändern sich häufig, zum Teil sogar rückwirkend, werden willkürlich angewendet oder bedenkenlos gebrochen. Kompetenzverteilungen sind oft unklar. In Bereichen, in denen die Gesetze formal dazu geeignet wären, ihre Aufgabe
zu erfüllen, mangelt es am Umsetzungswillen. Es wurden und werden Gesetze
vorgeschlagen, diskutiert, verabschiedet und von niemandem eingehalten, nicht

[484] Vgl. o.V.; Ost-Invest, 23.10.98; S. 9f; vgl. o.V. Ost-Wirtschafts-Report, 30.10.98; S.428;
vgl. o.V. Ost-Invest, 08.01.99 (2); S. 14.
[485] Vgl. Clausen, 1998; S. 202.

einmal von den Instanzen, die an ihrer Bestätigung mitgewirkt haben.[486] Auch dieses Problems sind sich viele politische Einflußträger bewußt, scheinen jedoch hilflos in ihren Gewohnheiten gefangen zu sein. Zum Beispiel wurde im Frühling 1998 ein Gesetz verabschiedet, daß zu mehr Berechenbarkeit in der zollrechtlichen Gesetzgebung führen sollte. Danach müssen zwischen Verabschiedung und Inkrafttreten einer Verordnung 180 Tage liegen. Bereits im August des gleichen Jahres wurde gegen dieses Prinzip bei der Einführung eines dreiprozentigen Schutzzolles verstoßen.[487]

Spezielle Beratungsdienste, die den aktuellen Stand der Gesetzgebung und ihrer Auslegung in Kombination mit russischen Besonderheiten im Detail kennen und ihre Entwicklung laufend verfolgen, können in Rußland von großem Nutzen sein. Vor allem ihr Wissen über den Umgang mit Recht in Rußland kann unangenehme Erfahrungen aufgrund unangepaßter westlicher Vorstellungen vermeiden helfen. Bei der Auswahl entsprechender Agenturen muß jedoch vorsichtig vorgegangen werden, da die Branche noch sehr jung ist und die Zuverlässigkeit und Kompetenz der Unternehmen schwierig einzuschätzen ist.

Was kann im Konkreten zu einigen Rechtsgebieten gesagt werden? Viel geklagt wird über die russische Steuergesetzgebung. Die Steuersätze sind sehr hoch und die Regelungen teilweise widersinnig. Nach russischem Steuerrecht sind z.B. noch immer nicht selbstverständlich alle geschäftlich begründete Aufwendungen abzugsfähig.[488] Bei den Befragungen zu dieser Arbeit sollte auch beantwortet werden, wie hoch man die *reelle* Steuerbelastung in Rußland einschätzt. Fast 95 Prozent hielten sie für hoch oder sehr hoch. Entsprechend *Radaews* Ergebnissen ist Steuerhinterziehung nach Ansicht der Befragten der mit Abstand häufigste Rechtsbruch russischer Unternehmer (84 % der Befragten *Radaews*). Die üblichen Methoden der Steuerhinterziehung sind Minderung des Gewinns durch Aufblähen von Kosten, Durchführung von Operationen ohne vertragliches Festhalten, versteckte

---

[486] Vgl. Ogurzov, 1997; S. 91.

[487] Vgl. o.V.; bfai-Info Osteuropa, 19/98 (2); S. 39f.

[488] Vgl. Thede, 1998; S.78; vgl. Wadenpohl, 1998; S. 11; vgl. Mittel- und Osteuropa - Jb. 1997/98 – Bd. 2; S. 42.

Lohnzahlungen, Abwicklung der Geschäfte über spezielle Firmen mit Vergünstigungen oder das Schmieren von Steuerbeamten.[489]

Sorgen bereitet einigen westlichen Unternehmern der Kapitaltransfer. Grundsätzlich ist die Überweisung von Unternehmensgewinnen durch ausländische Betriebe, der Rückzug ausländischer Investoren vom russischen Finanzmarkt oder die Bezahlung von ausländischen Produkten für den Import nach Rußland und Investitionen russischer Firmen im Ausland möglich.[490] Es wird jedoch zwischen „laufenden Devisenoperationen" und „Devisenoperationen, die mit der Bewegung von Kapital verbunden sind" unterschieden. Laufende Devisenoperationen, zu denen z.b. Devisentransfers für Warenimporte und -exporte mit einem Zahlungsziel von maximal 180 Tagen oder der Erhalt und die Gewährung von Finanzkrediten für die gleiche Frist zählen, können ohne vorherige Zustimmung der Zentralbank der RF durchgeführt werden. Für alle andere Operationen gibt es Beschränkungen und umfangreiche Registrierungs- und Genehmigungsverfahren.[491] Mißtrauisch müssen Tendenzen beobachtet werden, wonach einer der Hauptschuldigen für die schlechte Situation des Landes im umfangreiche Kapitalexport gesehen wird. Es ist unbestritten, daß sehr viel „schmutziges" Geld das Land verläßt und mit dem Transfer von Geldern ins Ausland versucht wird, Steuern zu sparen oder den Zwangsumtausch von Devisenerlösen zu umgehen. Selbst hohe staatliche Organe üben hier Mißbrauch. Ein spektakulärer Fall im Zuge der August-Krise 1998 war, daß die Russische Zentralbank auf Off-Shore-Bank-Konten Gelder vor ausländischen Gläubigern versteckte. Um privates Kapital effektiv im Land zu halten, sind aber weniger rechtliche Beschränkungen für die Kapitalausfuhr, die i.d.R. doch wieder zu umgehen sind, sondern eher bessere Investitionsbedingungen nötig.[492]

Auch in Bezug auf das Zollregime kann die Unübersichtlichkeit, Widersprüchlichkeit und der willkürliche Umgang der Zollbeamten mit den Vorschriften kritisiert werden. Ähnlich sieht die Situation im Bereich der Zertifizierung aus. Es gibt keine einheitliche Auslegung der Gesetzestexte und die Zuständigkeiten der gesetz-

---

[489] Vgl. Radaew, 1998; S. 276ff; 10 % nennen andere finanzielle Vergehen, 10 % Vertragsbrüche, 3 % Verstöße gegen Arbeitsrecht; 2 % Verstöße bei Registrierung und Lizensierung, 2 % Beamten Schmiergelder anbieten, 2 % Verstöße gegen Eigentumsrechte, 2 % anderes.

[490] Vgl. Pleines, 1998; S. 2.

[491] Vgl. o.V.„„Wirtschaft und Recht in Osteuropa", 2/98; S.74f; vgl. Schwarz / Barychnikova, M.; 1998; S. 121ff.

[492] Vgl. Smirnov, 08.12.98; S. 12; vgl. Nikolskij, 20.02.99; S. 1.

gebenden und ausführenden Organe sind unklar. Damit werden Zertifizierungs-
dauer und -kosten schwer kalkulierbar.[493]

Aufgrund des mangelnden gesellschaftlichen und politischen Konsens zur Boden-
privatisierung ist der Bereich des Grundstücksrechts einer der ungeordnetsten und
verwirrendsten im russischen Recht. Es ist noch immer keine Seltenheit, daß
Eigentum am Gebäude und das am dazu „gehörigen" Grundstück auseinanderfal-
len.[494]

Im Umweltrecht wurden Anfang der 90er Jahre neue Gesetze erlassen. Die vorhandenen Umweltgesetze wären grundsätzlich geeignet, weitreichend ihren
Schutzzweck zu erfüllen.[495] Auffällig sind hier jedoch die weitreichenden Voll-
zugsdefizite.[496] Föderale wie regionale Behörden behindern wie zu sowjetischen
Zeiten ein Aufmerksam machen auf Umweltsünden und Umweltaktivisten fürchten Geheimdienst und Polizei.[497] Es ist kaum damit zu rechnen, daß entsprechende
Gesetze in nächster Zukunft konsequenter umgesetzt werden, weil es den Verantwortlichen am Bewußtsein der Notwendigkeit mangelt.

Von Vertretern westlicher Unternehmen wird auch das Arbeitsrecht kritisiert, das
ihrer Meinung nach zu sehr auf die Bedürfnisse der Arbeitnehmer zugeschnitten
ist. Schwierigkeiten bereitet wohl vor allem das Kündigen. Gerade amerikanische
Firmen, die Hire-and-fire Praxis aus eigenen Landen gewöhnt, mußten hier schon
schlechte Erfahrungen machen. Zum Teil wird deshalb empfohlen, nur befristete
Arbeitsverträge mit exakter Arbeitsbeschreibung abzuschließen. Der Cash-Anteil
des Gehalts sollte niedrig gehalten und statt dessen eher Bonuszahlungen angeboten werden.[498]

Weiterreichend sind auch die Probleme, die mit den unvollkommenen Buchfüh-
rungsbestimmungen zusammenhängen. Der Informationsgehalt der Geschäfts-
bücher muß mißtrauisch betrachtet werden. In sowjetischen Zeiten waren Vorschriften des Gläubiger- und Gesellschafterschutzes entbehrlich, weshalb z.B. das

---

[493] Vgl. o.V.;„Wirtschaft und Recht in Osteuropa", 2/98; S.74.
[494] Vgl. Digmayer / Hüper, 1998; S. 21.
[495] Vgl. Neumüller, 1997; S. 32.
[496] Vgl. Insitut für Ostrecht e.V.; S. 2.
[497] Vgl. Hassel, 16.02.99; S. 6.
[498] Vgl. Ost-Wirtschafts-Report, 06.03.98; S. 82f.

Imparitätsprinzip auch heute nicht durchgängig angewendet wird, wenn nicht sogar unzulässig ist.[499] Das hat Konsequenzen für verschiedene Interessengruppen.

---

[499] Vgl. Mittel- und Osteuropa - Jahrbuch 1997/98 – Band 2; S. 49 + S. 52.

8. FAZIT UND PERSPEKTIVEN

Eine der Schlußfolgerungen, zu denen der Autor nach seinen Untersuchungen kommt, ist, daß es in Rußland stärker als in sonst einem Land der Welt angebracht erscheint, regionale Differenzierungen vorzunehmen. Durch alle Schichten des Dülferschen Modells hindurch sind Unterschiede in den einzelnen Gebieten der Russischen Föderation zu erkennen. Bei einer Landesfläche von 17 Mio. km² muß dies nicht verwundern.

In Rußland existieren große intelektuelle Potentiale. Trotzdem ist die Anlagentechnik in schlechtem Zustand, was zum einen der Konkurrenzfähigkeit der russischen Produkte abträglich ist und zum zweiten bemerkenswerte Absatzpotentiale für die Investitionsgüterindustrie bedeutet. Problematisch ist die russische Wirtschaftsstruktur, die von einem hohen Monopolisierungsgrad und ungenügenden Kapazitäten bestimmter Branchen gekennzeichnet ist. Mit einer schnellen Veränderung dieser Situation ist nicht zu rechnen.

Es erscheint gewagt, Risiken in Rußland in zu großem Maße nach dem Rechtssystem zu bewerten. Unabhängig davon, wie dieses ausgestaltet sein mag, ist weder sicher, daß die Interaktionspartner die Gesetze einhalten, noch stellen die geschriebenen Normen unüberwindbare Barrieren dar. Damit bieten die Gesetzbücher nur wenig Sicherheit. Daß sich daran in Zukunft etwas ändert, muß insofern bezweifelt werden, als daß hierfür zunächst ein gesellschaftlicher Konsens und ein Umdenken vonnöten wäre, so daß zumindest die Mehrheit der Russen und insbesondere staatliche Einflußträger bereit sind, die Gesetze zu achten. Im Sinne des Schichtenmodells muß der Ausgestaltung des Rechts eine gewisse Klarheit der Werte vorausgehen. Damit ist zu erwarten, daß sich ungeschriebene zwischenmenschliche Spielregeln schneller entwickeln als sich eine tragfähige Rechtsordnung herausbildet. Diese Regeln können u.U. den in Rußland lebenden und arbeitenden Menschen schneller Sicherheit bieten, weshalb sich auch für deutsche Unternehmen lohnt, den Eigenarten der sozialen Beziehungen und Bindungen besondere Beachtung zu schenken. Da der Staat seiner ordnenden Aufgabe nicht nachkommt, bilden sich inoffizielle Verhaltenskodizes incl. Sanktionsmechanismen heraus, die die Sicherung des Eigentums gewährleisten.[500] Viele ausländische Manager haben bereits erkannt, von welch unschätzbarem Wert persönliche Beziehungen in Rußland sind, die in diesem Zusammenhang gesehen werden müssen.

---

[500] Vgl. Radaew, 1998; S. 109.

Problematisch für die weitere Entwicklung Rußlands ist der extreme Verknüpfung politischer, wirtschaftlicher und krimineller Macht. Die Reformen, die bisher vom Westen im „Austausch" für Kredite gefordert wurden, können die Verantwortlichen grundsätzlich erfüllen, ohne daß die bestehenden Strukturen zerstört werden müssen. Die Kreditgeber stützen diejenigen, die das Kernproblem sind und verschlechtern mit ihrem Geld die Lage eigentlich nur. Selbst mit weiterer Privatisierung ist in Zukunft eher mit weniger Wettbewerb zu rechnen. Das Problem eines Staatsunternehmen ist nicht, daß der Staat Eigentümer ist, sondern daß ihm Privilegien eingeräumt werden, die andere nicht genießen. Die Interessen wirtschaftlicher, politischer und unterweltlicher Einflußträger sorgen dafür, daß solche Privilegien nicht abgeschafft werden und sich kein marktwirtschaftlicher Rahmen entwickeln kann. Wer in Rußland Geschäfte in großem Umfang machen will, wird gezwungen sein, sich am Spiel um Vergünstigungen zu beteiligen.

VII

ANHANG

Tabelle 1

Bewertung ausgewählter Regionen Rußlands gemäß der alljährlichen Untersuchung der Zeitschrift *Ekspert* vom 19.10.98; S. 18ff (Erläuterungen unten):

Region	Stärken	Schwächen
Maximales Potential – minimales Risiko		
Moskau	Kaufkraft (1), Arbeitskräfte (1), Produktion (1), Infrastruktur (1), Finanzielles Potential (1) und Risiko (2), Innovationen (1), Dienstleistungssektor (1), politische Stabilität (1)	Umwelt (47), Kriminalität (36), soziale Spannungen (20), Tendenz wirtschaftlicher Entwicklung (29)
St. Petersburg	Kaufkraft (2), Arbeitskräfte (2), Produktion (4), Infrastruktur (2), Finanzielles Potential (11) und Risiko (6), Innovationen (2), Dienstleistungssektor (2), politische Stabilität (6), soziale Spannungen (1)	Umwelt (31), Kriminalität (27),
Mittleres Potential – minimales Risiko		
Gebiet Belgorod	Infrastruktur (7), Natürliche Ressourcen (9), Innovationen (13), soziale Spannungen, Kriminalität (3), Tendenz der Wirtschaftsentwicklung, Infrastruktur (2), soziale Spannungen (6)	Umwelt (41), politische Stabilität (50)
Republik Tatarstan	Kaufkraft (9), Produktion (5), Innovationen (6), finanzielles Potential (8), Dienstleistungen (11), politische Stabilität (2), Tendenz der Wirtschaftsentwicklung (5)	Infrastruktur (30), Gesetzgebung (43), Umwelt (36)
Hohes Potential – mäßiges Risiko		
Gebiet Moskau	Kaufkraft (4), Arbeitskräfte (3), Produktion (7), Infrastruktur (4), Finanzielles Potential (5) und Risiko (4), soziale Spannungen (3), Innovationen (3), Dienstleistungen (6)	Tendenz wirtschaftlicher Entwicklung (76), Kriminalität (63), Umwelt (42)
Gebiet Swerdlowsk	Kaufkraft (3), Arbeitskräfte (5), Produktion (3), Finanzielles Potential (6) und Risiko (12), Innovationen (5), Dienstleistungen (4), politische Stabilität, Natürliche Ressourcen (10)	Infrastruktur (55), Gesetzgebung (84), soziale Spannungen (43), Kriminalität (49), Umwelt (67)

Region	Stärken	Schwächen
Hohes Potential – mäßiges Risiko		
Autonome Region Chanti-Mansijskij	Produktion (2), finanzielles Potential (2) und Risiko (3), Dienstleistungen (20), Natürliche Ressourcen (7), politische Stabilität (9)	Infrastruktur (83), Innovationen (71), Gesetzgebung (82), soziale Spannungen (34), Kriminalität (61), Umwelt (82)
Mittleres Potential – mäßiges Risiko		
Gebiet Nishnij Nowgorod	Kaufkraft (14), Arbeitskräfte (8), Produktion (13), finanzielles Potential (10) und Risiko (1), soziale Spannungen (4), Innovationen (4)	Gesetzgebung (74), politische Stabilität (46), Umwelt (32)
Gebiet Wolgograd	Dienstleistungen (17), finanzielles Risiko (22), soziale Spannungen (13)	Infrastruktur (48), Kriminalität (43), politische Stabilität (61), Tendenz wirtschaftlicher Entwicklung (46), Umwelt (44)
Gebiet Samara	Kaufkraft (5), Arbeitskräfte (7), Produktion (6), finanzielles Potential (4) und Risiko (9), Innovationen (10), Dienstleistungen (3), Tendenz wirtschaftlicher Entwicklung (6)	Gesetzgebung (37), politische Stabilität (35), Kriminalität (56), Umwelt (63)
Gebiet Saratow	Arbeitskräfte(12), soziale Spannungen (2)	Gesetzgebung (48), finanzielles Risiko (56)
Region Krasnodar	Kaufkraft (6), Arbeitskräfte (6), Produktion (15), Infrastruktur (10), Dienstleistungen (5), Gesetzgebung (11), finanzielles Risiko (13), soziale Spannungen (11)	politische Stabilität (76), Tendenz wirtschaftlicher Entwicklung (43), Umwelt (69)
Gebiet Rostow	Kaufkraft (7), Arbeitskräfte (4), Innovationen (8), Dienstleistungen (8), soziale Spannungen (17), Kriminalität (14)	Gesetzgebung (45), Tendenz der Wirtschaftsentwicklung (52)
Republik Bashkortostan	Kaufkraft (10), Arbeitskräfte (11), Produktion (8), finanzielles Potential (9), Innovationen (9), Dienstleistungen (15), Kriminalität (7)	Infrastruktur (41), politische Stabilität (64), Gesetzgebung (77), finanzielles Risiko (48), Umwelt (60)
Gebiet Orenburg	Natürliche Ressourcen (17), finanzielles Potential (17), Tendenz wirtschaftlicher Entwicklung (14)	politische Stabilität (38), Gesetzgebung (49), finanzielles Risiko (39), soziale Spannungen (52), Kriminalität (50), Umwelt (53)
Gebiet Perm	Kaufkraft (12), Arbeitskräfte (17), Produktion (16), finanzielles Potential (12) und Risiko (17), Innovationen (14), Dienstleistungen (16), Natürliche Ressourcen (4)	Infrastruktur (60), Gesetzgebung (50), soziale Spannungen (40), Kriminalität (73), Umwelt (57)

Region	Stärken	Schwächen
Gebiet Tscheljabinsk	Kaufkraft (15), Arbeitskräfte (10), Produktion (10), finanzielles Potential (13) und Risiko (16), Innovationen (17), Dienstleistungen (10),	Infrastruktur (39), Gesetzgebung (41), soziale Spannungen (48), Kriminalität (62), Umwelt (89)
Region Altai	Kaufkraft (26), Arbeitskräfte (20), Innovationen (15), Produktion (28)	Infrastruktur (50), finanzielles Potential (40) und Risiko (66), politische Stabilität (70), Tendenz wirtschaftlicher Entwicklung (73), soziale Spannungen (69), Kriminalität (40), Umwelt (52)
Gebiet Kremerowsk	Kaufkraft (13), Arbeitskräfte (13), Produktion (12), finanzielles Potential (14), Dienstleistungen (7), Natürliche Ressourcen (5), Gesetzgebung (4)	Infrastruktur (53), Innovationen (44), finanzielles Risiko (50), soziale Spannungen (73), Kriminalität (81), Umwelt (75)
Gebiet Nowosibirsk	Kaufkraft (20), Arbeitskräfte (15), Produktion(17),finanzielles Potential (20), Innovationen (7), Dienstleistungen (12),	Infrastruktur (58), Gesetzgebung (88), politische Stabilität (62),
Gebiet Irkutsk	Kaufkraft (8), Arbeitskräfte (16), Produktion(14)	Infrastruktur (79), Gesetzgebung (42), politische Stabilität (55), soziale Spannungen (66), Kriminalität (82), Umwelt (77)
Region Primorje	Kaufkraft (24), Arbeitskräfte (19), Produktion(24),Gesetzgebung (9), politische Stabilität (22), Tendenz wirtschaftlicher Entwicklung (20)	Infrastruktur (47), finanzielles Risiko (51), soziale Spannungen (72), Kriminalität (64), Umwelt (48)
Hohes Potential – hohes Risiko		
Region Krasnojarskij	Kaufkraft (11), Arbeitskräfte (9), Produktion(9), finanzielles Potential (3) und Risiko (10), Dienstleistungen (9), Natürliche Ressourcen (2), Tendenz wirtschaftlicher Entwicklung (16)	Infrastruktur (87), Gesetzgebung (65), soziale Spannungen (71), Kriminalität (68), Umwelt (86)

Erläuterungen

1. Stärken und Schwächen werden immer in Relation zur Position der Region im Rating betrachtet. Die Zahlen in den Klammern hinter den Indikatoren geben an, an welchem Platz die entsprechende Region in dieser Kategorie eingeordnet wurde. Steht also z.B. eine „1" in Klammern hinter dem Indikator, bedeutet das, daß die Region in dieser Kategorie von den 89 Regionen am besten war.

2. Zur Bedeutung einiger Indikatoren:

Arbeitskräfte – Zahl und Ausbildung

X

Produktion – Gesamte Wirtschaftsleistung der Bevölkerung

Innovationen – Entwicklungsstand der Wissenschaft und Nutzung neuer Errungenschaften

Dienstleistungen – Entwicklungsniveau der bedeutendsten marktwirtschaftlichen Institutionen

finanzielles Potential – Steuereinnahmen und Produktivität der Unternehmen

finanzielles Risiko – Ausgeglichenheit des Regionsbudgets und der Bilanzen der Unternehmen

politische Stabilität – Autorität der regionalen Führung und wie sicher gewann sie die letzte Wahl

Tabelle 2

Was ist an einem Arbeitsplatz für sie wichtig? (Befragt wurden Anfang der 90iger Jahre 1350 vollzeitbeschäftigte Russen.)

	Rußland	Moskau
gute Bezahlung	85 %	82 %
nette Kollegen	74 %	74 %
interessanter Arbeitsplatz	68 %	70 %
Qualifikationsangemessenheit	57 %	39 %
viel Urlaub	54 %	47 %
schöne Stunden	49 %	57 %
gesellschaftliche Nützlichkeit	48 %	51 %
hohe Arbeitsplatzsicherheit	40 %	26 %
hohe Anerkennung	40 %	30 %
Eigeninitiative	30 %	41 %
etwas leisten	28 %	42 %
Leute treffen	27 %	48 %
Verantwortung	21 %	23 %
kein Druck	20 %	50 %
Aufstiegschancen	17 %	19 %

Quelle: Schlese/Schramm; „Arbeitseinstellung im Osten Europas – kulturell oder situativ bedingt?"; S. 171

Tabelle 3: Bewertung russischer Führungskräfte

	N	stark ausgeprägt	ausgeprägt	wenig ausgeprägt	kaum ausgeprägt
Marktorientierung	34	8,8 %	47,1 %	38,2 %	5,9 %
Verantwortungsbewußtsein	34	8,8 %	**52,9 %**	32,4 %	5,9 %
Zuverlässigkeit	33	3,0 %	45,5 %	51,5 %	0 %
Eigeninitiative	33	6,1 %	24,2 %	**63,6 %**	6,1 %
langfristiges Denken	34	2,9 %	20,6 %	**50,0 %**	26,5 %
Spontanität im Erkennen von Chancen	33	18,2 %	**51,5 %**	21,2 %	9,1 %
Flexibilität	32	9,4 %	31,3 %	**56,3 %**	3,1 %
organisatorische Fähigkeiten	32	18,8 %	25,0 %	50,0 %	6,3 %
Teamgeist	33	12,1 %	27,3 %	**48,5 %**	12,1 %
Autorität	33	33,3 %	**60,6 %**	6,1 %	0 %
Selbstbewußtsein	34	**55,9 %**	41,2 %	2,9 %	0 %

Quelle: Eigene Untersuchungen

Tabelle 4: Bewertung russischer Arbeiter

	N	stark ausgeprägt	ausgeprägt	wenig ausgeprägt	kaum ausgeprägt
Eigeninitiative	35	**0 %**	22,9 %	**60,0 %**	17,1 %
Verantwortungsbewußtsein	35	11,4 %	34,3 %	40,0 %	14,3 %
Flexibilität	35	8,6 %	25,7 %	**54,3 %**	11,4 %
Ordentlichkeit	34	2,9 %	52,9 %	35,3 %	8,8 %
Fleiß	34	**20,6 %**	38,2 %	38,2 %	2,9 %
Belastbarkeit	35	11,4 %	40,0 %	31,4 %	17,1 %

Quelle: Eigene Untersuchungen

Tabelle 5: Verläßlichkeit von Abmachungen

	N	sehr verläßlich	eher verläßlich	eher unverläßlich	sehr unverläßlich
Mündliche Absprachen auf Basis persönlicher Beziehungen	37	24,3 %	59,5 %	16,2 %	0 %
Mündliche Absprachen mit noch unbekannten Geschäftspartnern ohne materielle Sicherheiten	35	2,9 %	8,6 %	31,4 %	57,1 %
Schriftliche Verträge mit staatlichen Institutionen	36	19,4 %	38,9 %	38,9 %	2,8 %
Schriftliche Verträge mit nicht-staatlichen Personen auf Basis lediglich gesetzlichen Schutzes	33	9,1 %	33,3 %	48,5 %	9,1 %
Schriftliche Verträge mit nicht-staatlichen Personen unter Einbeziehung materieller Sicherheiten	34	14,7 %	67,6 %	17,6 %	0 %

Quelle: Eigene Untersuchungen

XIII

Tabelle 6: Bewertung „persönlicher Zuwendungen" an Staatsdiener

	N	zutreffend	Nicht zutreffend
Inoffizielle Zahlungen (Geschenke) sind unumgänglich	30	60 %	40 %
Inoffizielle Zahlungen (Geschenke) an Beamte sind uns willkommenes Mittel um die instabile, undurchsichtige und widersprüchliche russische Gesetzgebung zu umgehen	29	34,5 %	65,5 %
Inoffizielle Zahlungen (Geschenke) an Beamte behindern unsere Arbeit erheblich	32	50 %	50 %
Inoffizielle Zahlungen (Geschenke) an Beamte werden oft selbst dafür erwartet, daß diese ihre Pflichten erfüllen	31	83,9 %	16,1 %

Quelle: Eigene Untersuchungen

Vorhandene Informationen zu berücksichtigten Untersuchungen:

1. GfK-FESSEL-Instituts: 1996 wurden 2000 russische Bürger befragt

2. Radaew, 1998: Im November und Dezember 1997 wurden zunächst 227 Führungskräfte von Unternehmen in 21 Regionen Rußlands auf Basis von Fragebögen befragt. Eine zweite vertiefende Untersuchung wurde vom Herbst 1997 bis zum Frühjahr 1998 durchgeführt. Dabei wurden Interviews mit 96 Führungspersonen durchgeführt. i.d.R. handelte es sich bei den Befragten um Manager nichtstaatlicher russischer Unternehmen. (vgl. Radaew, 1998; S. 25f)

3. RUFI Moskau: im Oktober 1998 wurden 290 Kleinunternehmer befragt

4. T.W.I.S.T. Unternehmensberatung München; 1994: Befragt wurden in der 2. Hälfte des Jahres 1994 100 dt. und russ. Führungskräfte von Unternehmen, die jeweils mit Unternehmen des anderen Landes in geschäftlichem Kontakt standen/stehen.

XV

LITERATURVERZEICHNIS:

Aleksandrova, T. V. / Schestakova, N. V.; „Traditionen und Innovationen bei der strategischen Führung von Industriebetrieben"; in: „Wirtschaftliche und soziale Technologien der Übergangsgesellschaft"; Materialien der internationalen wissenschaftlich-praktischen Konferenz im Dezember 1997; Perm, 1997 *(Александрова, Т.В. / Шестакова, Н.В.; „Традиции и инновации в стратегическом управлении промышленным предприятием"; in: Экономические и социальные технологии переходного общества"; Материалы международной научно-практической конференции в декабре 1997; Пермь 1997)*

Alpuchov, P. L.; „Grundsätze bei der Formierung eines Marketing-Informationssystems"; in: „Probleme der Marktwirtschaft in Rußland"; Saratov, 1997 *(Алпухов, П.Л.; „Принципы формирования системы маркетинговой информации"; in: Проблемы рыночной экономики России; Саратов, 1997)*

Andriasova, T.; Bordjug, T.; Davuidova, N.; Kosenko, V.; „Die ausreisenden Bürger"; in: Moskovskie Novosti, Nr. 43; 1.-8.11.98; S. 12f *(Андриасова, Т.; Бордюг, Т.; Давыдова, Н.; Косенко, В.; „Граждане отъезжающие" in: Московские Новости Nr. 43; 1.-8. ноября 1998)*

Annjenkow, M. / Awilowa, E. und andere; „Fotoapparate und Visiere"; in: „Serie Russisches Management"; Band 2; Moskau, 1998 *(Анненков, М. / Авилова, Е. / Алдухов, С. / Комолов, А. / Палутина, С.; „Фотоаппараты и прицелы"; in: „Серия Российский Менеджмент"; Национальный фонд подготовки финансовых и управленческих кадров, Государственый университет управления и др.; Москва, 1998)*

Archangelskaja, N.; „Wir möchten keine Veränderungen"; in: Ekspert, Nr. 7, 22.02.99; S. 46f *(Архангельская, Н.; „Перемен не хотим"; in: Эксперт, Nr. 7, 22.02.99)*

Aukuzionek, S. „Barter in der russischen Industrie"; in: Voprosy Ekonomiki; 02/98 *(Аукуционек, С.; „Бартер в рощийцкой промышленности"; ин: „Вопросы экономики"; 2/98)*

Baumgart/Jäncke; „Rußlandknigge; Oldenbourg 1997

Batalova, N. V. / Batalova T. N.; „Über die Rolle der Informationsinfrastruktur in der Wirtschaftsentwicklung Rußlands"; in: „Wirtschaftliche und soziale Technologien der Übergangsgesellschaft"; Materialien der internationalen wissenschaftlich-praktischen Konferenz im Dezember 1997; Perm, 1997 *(Баталова, Н. В. / Баталова, Т. Н.; „О роли информационнои инфраструктуры в развитии экономики России"; in: „Экономические и социальные технологии переходного общества"; Материалы международной научно-практической конференции в декабре 1997; Пермь 1997)*

Bernstein, E.; in: Wostok 4/98; „Die russische Industrie beim Marktübergang"; S. 34f

Bertelsmann Universal Lexikon; Gütersloh, 1991

Bfai (Hrsg.) – Bundesstelle für Außenhandelsinformationen; „Geschäftspartner Rußland"; Köln, 1998

Bobuikin, V. K.; „Ausländisches Unternehmertum und Asulandsinvestitionen in Rußland"; Russische Akademie der Wissenschaften – Institut der russischen Geschichte; POSSPEN; Moskau, 1997 *(Бобыкин, В. К.; „Иностраное предпрунимательство и заграничные инвестиции в России"; РАН – Институт Российской истории; РОССПЭН; Москва, 1997)*

Buikova, E. V.; „Steuerung des Produktionsausstoßes entsprechend zu Nachfrageschwan-kungen"; in: „Probleme der Marktwirtschaft in Rußland"; Saratov, 1997 *(Быкова, Е. В.; „Управление выпуском продукции в соответствии с колебаниями спроса" ; in: Проблемы рыночной экономики России; Саратов, 1997)*

Busygina, I.; „Die Regionen Rußlands in den internationalen Beziehungen"; in: „Osteuropa – Zeitschrift für Gegenwartsfragen des Ostens"; 8/9 1998; S. 1101ff

Clausen, T.; „Bürgschaften, Förderprogramme und Finanzierungshilfen für deutsche Kapital-anlagen in den Staaten Mittel- und Osteuropas"; in: Wirtschaft und Recht in Osteuropa, 6/98; S. 201ff

Demtschenko, V.; „MIA (Ministerium für innere Angelegenheiten) kümmert sich um die Krimminalität nicht mit großer Zahl, sondern mit Können"; in: Isvestija, 26.03.99; S. 2 *(Демченко, В.; „МВД будет бороться с преступностью не числом, а умением" ; in: Известия, 26.03.99; S. 2)*

Digmayer, W.; Hüper, Ch.; Rumjanzew, I.; „Russische Förderation: Gesetz „Über die staatliche Registrierung von Immobilienrechten und Immobiliengeschäften""; in: Wirtschaft und Rescht in Osteuropa, 1/98; S. 21ff

Dimitriev, A. E.; „Geschäftsplanung von Innovationstätigkeit und ihre Rolle bei der Suche nach Investoren"; in: „Probleme der Marktwirtschaft in Rußland"; Saratov, 1997 *(Димитриев, А.Е.; „Бузнес-Планирование инновационной деятельности и его роль в привлечении инбесторов" ; in: Проблемы рыночной экономики России; Саратов, 1997)*

Djakov, N. P.; „Formierung des regionalen Handels im System ‚Roskontrakt' "; in: „Probleme der Marktwirtschaft in Rußland"; Saratov, 1997 *(Дьяков, Н. П.; „Формирование региональных торгами по снабжению и сбыту в системе ‚Росконтракт' "; in: Проблемы рыночной экономики России; Саратов, 1997)*

Don, T.; „Investitionsklima in Rußland – Warten auf Verbesserung"; in: Wostok; Nr.5/98; S. 24ff

Dülfer, Eberhard; „Möglichkeiten und Grenzen westlicher Organisations-kulturkonzepte im Hinblick auf Osteuropa"; in: Lang, R. (Hrsg.); „Wandel von Unternehmenskultur in Ostdeutsch-land und Osteuropa"; München und Mering, 1996

Dülfer, Eberhard; Internationales Management in unterschiedlichen Kulturbereichen; 5. Auflage; Oldenbourg Verlag; München; 1997

Eberwein/Tholen; „Russische Wirtschaftsmanager auf dem Weg vom Plan zum Markt"; S. 142ff in: Steinle/Bruch/Lawa; „Management in Mittel- und Osteuropa"; Frankfurt/Main; F.A.Z.; 1996

Efimov, A. N.; „Bei der Ausarbeitung und Durchführung von Innovationsprojekten angewendete Organisationsformen und ihr Vervollkommnung"; in: „Probleme der Marktwirtschaft in Rußland"; Saratov, 1997 *(Ефимов, А. Н.; „Организационые формы, применяемые при разработке и внедрении инновационных проектов и вопросы их совершенствования; in: Проблемы рыночной экономики России; Саратов, 1997)*

Eggers/Eickhoff/Dimant; „Erfolgsfaktoren bei der Nutzung unternehmerischer Chancen in der GUS"; in: Steinle/Bruch/Lawa; „Management in Mittel- und Osteuropa"; Frankfurt/Main; F.A.Z.; 1996

Eigendorf, Jörg (1); „Die Aufgabe der Zukunft"; in: *ZEIT* Punkte Nr. 5/98; „Rußland am Abgrund"; Herausgeber: Theo Sommer

Eigendorf, Jörg (2); „Ende eines Höhenfluges"; in: *ZEIT* Punkte Nr. 5/98; „Rußland am Abgrund"; Herausgeber: Theo Sommer

Falk, Thomas; „Die Bedeutung der marktunabhängigen Verteilung von Waren an Endkonsumenten in Rußland"; in: Osteuropa-Wirtschaft 3/2000

Fujitsu-Pressemitteilung: „LukOIL-Russia", Date printed: 01.03.2000; <http://www.fujitsu.com.au/crm/smartcards/lukoil.htm>

Fursova, V. V.; „Entstehung des Unternehmertums in Rußland: Probleme und Schwierigkeiten"; in: „Kultur und Ethik der Wirtschaft: Geschichte, Tradition, Probleme der Übergangsperiode"; Kasan, 1997 *(Фурсова В. В.; „Становление предпринимательства в России: проблемы и трудности" in: „Култура и этика бизнеса: история, традиции, проблемы переходного периода" ; Казань 1997)*

Gaddy, C. G.; Ickes B. W.; „Russia's Virtual Economy"; in: Foreign Affairs – September/October 1998 Issue; auf: http://www.foreignaffairs.org/issues/9809/gaddy.html; abgefragt: 26.11.1998

Götz, R.; „Das andere Rußland'"; in: „Osteuropa – Zeitschrift für Gegenwartsfragen des Ostens", 8/9 1998; S.877ff

Gubina / Rubtschenko; „Gepachtete Investitionen"; in: Ekspert, Nr. 22, 15.06.98; S. 56f *(Губина/Рубченко; „Инвестиции в аренду" ; in: Эксперт, Nr. 22, 15.06.98)*

Gutnik, W.; „Die politischen, ökonomischen und sozialen Gegebenheiten als Faktor der Managementtransformation in Rußland"; in: Steinle/Bruch/Lawa; „Management in Mittel- und Osteuropa"; Frankfurt/Main; F.A.Z.; 1996

Harter, St.; „Sozio-kulturelle Rahmenbedingungen"; S. 110; in: Welge/Holtbrügge; „Wirtschaftspartner Rußland"; Wiesbaden: Gabler; 1996

Hassel, Florian; „Rußischer Fußtritt"; in: Frankfurter Rundschau; 16.02.99; S. 6

Hassel, F.; „Wer Schutow zu nahe kam, mußte sterben"; in: Frankfurter Rundschau; 1.3.99; S. 2

Hassel, F.; „Die langen Ohren des FSB im Internet"; in: Frankfurter Rundschau, 19.03.99; S. 3

Hermann, D. im Interview mit Osipow, O.; „GM bleibt um zu siegen"; in: Ekspert, Nr. 9, 08.03.99; S. 38ff *(„ GM остается, чтобы победить" ; in: Эксперт, Nr. 9, 08.03.99)*

Hertz, N.; „Russian Business Relationships in the Wake of Reform"; Macmillan Press LTD; 1997

Höhemann. H.-H.; „Ökonomische Rahmenbedingungen der Systemtransformation in Rußland"; in: Welge/Holtbrügge; „Wirtschaftspartner Rußland"; Wiesbaden: Gabler; 1996

Holtbrügge, D. (1); „Erfolgsfaktoren ausländischer Direktinvestitionen in Rußland"; S. 25; in: Welge/Holtbrügge; „Wirtschaftspartner Rußland"; Wiesbaden: Gabler; 1996

Holtbrügge, D. (2); „Die Entwicklung der russischen Wirtschaft aus postmoderner Perspektive"; in: „Osteuropa – Zeitschrift für Gegenwartsfragen des Ostens", 8/9 1998; S.868ff

Huber, Maria; Ruin statt Rettung; in: *ZEIT* Punkte Nr. 5/98; „Rußland am Abgrund"; Herausgeber: Theo Sommer

XVIII

Huddleston, P., Good, L.; „The price-quality relationship: Does it hold true for Russian and Polish consumers?"; in: The International Review of Retail, Distribution and Consumer Research, 8:1 Januar 1998

Institut für Ostrecht e.V.; „Länderreport – Umwelt- und Energierecht / Russische Förderation (901)"; in: „Wirtschaftshandbuch Ost"

Itschitovkin B. N. / Itschitovkin M. B.; „Probleme bei der Schaffung von Schutzmechanismen der Investorenrechte auf dem Wertpapiermarkt Rußlands"; in: „Wirtschaftliche und soziale Technologien der Übergangsgesellschaft"; Materialien der internationalen wissenschaftlich-praktischen Konferenz im Dezember 1997; Perm, 1997 *(Ичитовкин Б. Н. / Ичитовкин М. Б.; „Проблемы создания механизма защиты прав инвесторов на рынке ценых бумаг в России"; in: Экономические и социальные технологии переходного общества"; Материалы международной научно-практической конференции в декабре 1997; Пермь 1997)*

Iwanow, W.; in: Wostok 6/97; „In der Retourkutsche sitzt die Mafia"; S. 56ff

Jänecke, B.; „Sechs Jahre Technische Zusammenarbeit mit der GUS"; in: „Osteuropa – Zeitschrift für Gegenwartsfragen des Ostens", 2/98; S.121

Janin, Igor; „Entschuldigung Kultur oder die Kunst in Rußland zu leben"; Moskau; 1997 *(Янин, И.; „Оправдание културы, или искусство жить в России"; Москва, 1997)*

Janoschka, M. / de Graaf, A.; „KPMG, Sehr sorgfältig die eigenen und die Vorstellungen des Partners prüfen, bevor man sich ‚ewig' bindet"; in: Wirtschaftshandbuch Rußland, Band 4; DEG, FAZ, Rödl&Partner, manager magazin; 1997

Joudanov, J.; „Regionale Verteilung ausländischer Investitionen in Rußland"; in: Region / Internationales Forum für lokale, regionale und globale Entwicklung; Jahrbuch 1998; Leske+Budrich, Opladen; 1998

Kalden, W.-A.; „Wanfried-Druck Kalden GmbH, Gute Erfahrungen mit dem ersten voll privatisierten Unternehmen als Partner"; in: Wirtschaftshandbuch Rußland, Band 4; DEG, FAZ, Rödl&Partner, manager magazin; 1997

Kaljanina, L.; „Minderjährige Millionäre"; in: Ekspert, Nr. 7, 22.02.99; S. 32 *(Калянина, Л.; „Несовершеннолетние Миллионеры"; in: Эксперт, Nr. 7, 22.02.99)*

Karulnik, M.; in: Wostok 6/97; „Die russische Gesellschaft: Von der Gleichheit zur Differenzierung"; S. 36ff

Kaschin, W.; „Leicht- und Lebensmittelindustrie: Eingehen und Wachstum"; in: Wostok, 4/98; S. 50ff

Koslatschkow, A.; „Von Datschen und Kleingärten"; in: „Wostok"; Nr. 6/98; S.62ff

Krylow, I. W.; „Marketing – Soziologie der Marketingkommunikation"; Moskau 1998; *(Крылов, И.В.; „Маркетинг – Социология маркетинговых коммуникаций"; Москва 1998; Издательство „Центр")*

Lavrov, A.; „Investitinsklima der Regionen Rußlands", Moskau, 1997 *(Лавров, А.; „Предпринимательский климат регионов России", Москва, 1997)*

Lavrovskij, I.; „Die Schulden in Investitionen umwandeln"; in: Ekspert, Nr. 41, 02.11.98; S. 16f *(Лавровский, И.; „Превратить долги в инвестиции": in: Эксперт, Nr. 41, 02.11.98;)*

Makartsev, A.; „Geschäftsleute aus der Bundesrepublik gelten als treue Partner und geduldige Investoren"; in: Passauer Neue Presse, 19. Oktober 1998

Meister/Sach; „Förderprogramme und Finanzierungsinstrumente für Mittel- und Osteuropa"; FAZ, IHK-Gesellschaft, DEG; Frankfurt/Main, 1996

Mittel- und Osteuropa – Jahrbuch 1997/98 – Band 1 + 2, F.A.Z. GmbH Informationsdienste, manager magazin, Rödl&Partner

Mramornova, O. V. / Kalaschnikov, S. J.; „Faktoren der Formierung des Arbeitspotentials"; in: „Probleme der Marktwirtschaft in Rußland"; Saratov, 1997 *(Мраморнова, О. В. / Калашников С. Ю.; „Факторы формирования трудого потенциала"; in: Проблемы рыночной экономики России; Саратов, 1997)*

Muchina, T.; „Eine halbe Millionen für das Werk"; in: Ekspert, Nr. 7; 22.02.99; S. 27 *(Мухина, Т.; „Полмиллиарда за заводу"; in: Эксперт, Nr. 7; 22.02.99)*

Muisrova, A. O.; „Einfluß der Zahlungsfähigkeit der Unternehmen auf das Investitionsklima"; in: „Probleme der Marktwirtschaft in Rußland"; Saratov, 1997 *(Мызрова, О. А.; „Влияние платежеспособности предприятии на инвестиционны климат"; in: Проблемы рыночной экономики России; Саратов, 1997)*

Müller, M.; „Zum neuen russischen Gesetz zur Begrenzung von Warenimporten"; in: Wirtschaft und Recht in Osteuropa, 7/98; S.248ff

Murzova, L. V. / Lavrineko, T. I.; „Marketing und sein Verständnis im Management russischer Unternehmen"; in: „Probleme der Marktwirtschaft in Rußland"; Saratov, 1997 *(Мурзова, Л. В. / Лавринеко, Т. И.; „Маркетинг и его восприятие менеджментом российских предприятий"; in: Проблемы рыночной экономики России; Саратов, 1997)*

Neumüller; „Umwelthaftung in Rußland"; Berlin, 1997

Nikolskij, A.; „Off-Shore-Geschäft muß zerstört werden"; in: Isvestija, 20.02.99; S. 1 *(Никольский, А.; „Оффшорный бизнес должен быть разрушен"; in: Известия, 20.0 2.99)*

Ogurzov A. P.; „Rechtskultur und Wertvorstellungen des Unternehmertums"; in: Russische Akademie der Wissenschaften – Philosophisches Institut; „Kultur des russischen Unternehmertums"; Moskau, 1997 *(Огурцов А. П.; „Правовая культура и ценностные установик предпринимательства"; in: Российская академия наук – институт философии; „Култура российского предпринимательства"; Москва, 1997)*

Onufpiev, A.; „Zerbrechliches Monopol"; in: Ekspert, Nr. 17, 11.05.98; S. 26ff *(Онуфпиев, А.; „Хрупкая монополия"; in: Эксперт, Nr. 17, 11.05.98)*

Osokina N. V. / Kazanzeva E. G.; „Besonderheiten der Finanzsituation von Unternehmen beim Übergang Rußlands zu Marktbezeihungen; in: Ministerium für Allgemein- und Berufsausbildung der RF; Transformation der russischen Wirtschaft: makroökonomische und regionale Aspekte"; Kremerovo, 1997 *(Осокина Н. В. / Казанцева Е. Г.; „Особенности финансового положения предприятий в ситуаций перехода России к рыночным отношениям"; in: Министерство общего и профессионального образования РФ; „Трансформация россиской экономики: макроэкономический и регионалный аспекты"; Кузбассвузисдат; Кремерово; 1997)*

Osteuropa Consulting Center GmbH (Hrsg.); „Wettbewerbsbedingungen deutscher Unternehmen in Rußland, der Ukraine und Weißrußland"; Berlin: Ost-West-Verlag; 1995

o.V.; bfai; Presseinformation – „Überleben in Rußlands Bürokratie"; Köln, 09.04.99; http://www.bfai.com/index06.htm; abgefragt 18.04.99

o.V.; bfai-Info Osteuropa, 1/98; „Aus russischen Regionen – Jakutien um Zufluß von Auslandskaptital bemüht"; S. 9

o.V.; bfai-Info Osteuropa, 2/98 (1); „Aus russischen Regionen – Pensa wirbt um Investoren"; S. 4ff

o.V.; bfai-Info Osteuropa, 2/98 (2); „Rußland – Enormer Aufschwung des Leasinggeschäfts prognostiziert"; S. 34ff

o.V.; bfai-Info Osteuropa, 4/98; „Maschinenbau – Rußland: Baumaschinen stark überaltert"; S. 23ff

o.V.; bfai-Info Osteuropa, 10/98; „Maschinenbau – Rußland: Hoffen auf den Markt für Werkzeugmaschinen"; S.23ff

o.V.; bfai-Info Osteuropa 12/98 (1); „Baustoffe – Rußland: Importe entwickeln sich weiter gut"; S. 22f

o.V.; bfai-Info Osteuropa 12/98 (2); „Kosmetika – Rußland: Nach wie vor floriert der Absatz"; S. 20 ff

o.V.; bfai-Info Osteuropa, 12/98 (3); „Nahrungs- und Genußmittel – Rußland: Glänzende Importgeschäfte mit Gemüsekonserven"; S. 29ff

o.V.; bfai-Info Osteuropa, 13/98 (1); „EDV / Computer – Rußland: Atemberaubende Marktentwicklung"; S. 28ff

o.V.; bfai-Info Osteuropa 13/98 (2); „Rußland – Rechtliche Grundlage für Handelsrestriktionen geschaffen"; S. 35ff

o.V.; bfai-Info, 15/98; „Kraftfahrzeugindustrie – Rußland: Lkw-Produktion zeigt nach oben"; S.25ff.

o.V.; bfai-Info, 16/98 (1); „Kunststofferzeugung/-verarbeitung – Rußland: Starke Importabhängigkeit"; S.19ff

o.V.; bfai-Info, 16/98 (2); „Rußland richtet Patentkammer ein"; S.37f

o.V.; bfai-Info Osteuropa 19/98 (1); S. 26ff; „Rußland: Offizielle Importe von TV-Geräten zollen Graumarkt Tribut"

o.V.; bfai-Info Osteuropa, 19/98 (2); S.39ff; „Russische Förderation – Sonderabgabe auf Einfuhr eingeführt"

o.V.; bfai-Info Osteuropa, 23/98 (1); „Rußland – Deutsche Geschäftsleute halten weiterhin die Treue"; S. 4ff

o.V.; bfai-Info Osteuropa, 24/98 (1); „Russische Förderation – Vor der Krise noch ein Investitionsschub"; S. 4ff

o.V.; bfai-Info Osteuropa, 24/98 (2); „Bürotechnik/-möbel – Rußland: Zähes Geschäft mit Ausrüstungen für Banken und Büros"; S. 29f

XXI

o.V.; bfai-Info Osteuropa, 24/98 (3); „Russische Förderation – Betriebslizenzen auf einheitliche Rechtsgrundlage gestellt"; S. 37ff

o.V.; bfai-Info Osteuropa, 25/98; „Maschinenbau – Rußland: Versorgung mit Landmaschinen wird immer prekärer"; S. 23ff

o.V.; bfai-Info Osteuropa, 26/98; „Kosmetika – Rußland: Industrie hofft jetzt auf ein großes Comeback"; S. 19f

o.V. Business-Ausbildung in Rußland; Verlag: GAG „KONSEKO"; Moskau, 1998 (Бизнес-образование в России; издатель: ЗАО „КОНСЭКО"; Москва, 1998)

o.V.; „Central European", März/98; „Sizing up Russia plc"; S.31ff

o.V.; „Dresdner Bank AG, Erfahrungsbericht über die Gründung der ersten Auslandsbank in Rußland"; in: Wirtschaftshandbuch Rußland, Band 4; DEG, FAZ, Rödl&Partner, manager magazin; 1997

o.V. „Das neue Parteiprogramm der KPdSU"; Verlag Wissenschaft und Politik, Köln; 1962

o.V. Ekspert; 27. April 1998; Nr. 16; S.22

o.V.; Ekspert; „Investitions-Rating der russischen Regionen für die Jahre 1997-98"; Nr. 39, 19.10.98; S. 18ff (Эксперт; „Инвестиционый рейтинг российских регионов – 1997-98 годы"; Nr. 39, 19.10.98)

o.V.; Ekspert; „Das Rezept von Coca-Cola"; Nr. 48, 21.12.98; S. 25 (Эксперт; Nr. 48, 21.12.98; „Рецепт, Коко-колы' "; S. 25)

o.V.; Frankfurter Rundschau, 30.01.99; S. 14; „Stollwerck – Rußlandkrise schlägt auf den Magen"

o.V.; GUS-Barometer; Körber-Arbeitsstelle Rußland/GUS (Hrsg.); Nr. 14, Januar 1998; „Stand und Perspektiven der deutsch-russischen Beziehungen"; http://www.dgap.org/gusbar/gus14.htm; abgefragt am 18.04.99

o.V.; GUS-Barometer; Körber-Arbeitsstelle Rußland/GUS (Hrsg.); Nr. 17, Juli 1998; „Die Wurzeln der Kriminalität in Rußland"; http://www.dgap.org/gusbar/gus17.htm; abgefragt am 18.04.99

o.V.; „Märkte der Welt" (1); 11/12.03.98; S. 14; „Rußland bleibt ein interessanter Kosmetikmarkt"

o.V.; „Märkte der Welt" (2); 11/12.03.98; S. 20; „Rußland braucht Fernsprech-Vermittlungstechnik"

o.V.; „Märkte der Welt" (3); 9/26.02.98; S. 6; „St. Petersburg: Starke Migration der Arbeitskräfte"

o.V.; „Märkte der Welt" (4); 9/26.02.98; S. 24; „Rußland: Bedarf an Hütten- und Walzwerktechnik"

o.V.; Neue Züricher Zeitung, Ausland; „Rußlands Nordostrand wird entvölkert"; 12.11.1998; Nr. 263 9; http://archiv.nzz.ch/books/nzzmonat/0/13271551T.html; abgefragt am 23.11.98

o.V.; Neue Zürcher Zeitung, WIRTSCHAFT, 18.03.1999 Nr. 64 21 http://archiv.nzz.ch/books/nzzmonat/0/5304040T.html; abgefragt am 18.04.99

o.V.; Ost-Invest; 42/98, 16. 10. 1998; S. 23f; „Firmenmeldungen – Rußland"

o.V.; Ost-Invest; 43/98, 23.10.98; S. 9f; „Knauf-Investitionen in Nischnij Nowgorod bedroht"

o.V.; Ost-Invest; 44/98, 30. 10. 1998; S. 27; „Firmenmeldungen – Rußland"

o.V.; Ost-Invest; 51-52/98, 18.12.98; S. 8; „Keine einheitliche Rußlandstrategie bei westlichen Unternehmen"

o.V.; Ost-Invest; 1/99, 08. 01.99 (1); S. 7; „Bodengesetz hat keine Chance"

o.V.; Ost-Invest; 1/99, 08.01.99 (2); S. 14; „Knauf siegt vor Gericht"

o.V.; Ost-Invest Branchenspiegel; 1/99, 08.01.99 (3); S. 50; „Ford says Official Russian Sales Falling"

o.V.; Ost-Invest; 2/99, 15. 01.99; S. 6; „Gasprom uns Swjasinwest sollen die Staatskassen füllen"

o.V.; Ost-Markt; Nr. 12, 22.06.98; S. 6; „Agrarimporte steigen?"

o.V.; Ost-Markt; Nr. 13, 13.07.98; S. 6; „Wie ist das Kaufverhalten?"

o.V.; Ost-Markt; Nr. 15, 10.08.98; S. 7; „Wege zum Wettbewerbsvorteil"

o.V.; Ost-Markt; Nr. 24 / 98; S. 6; „Trotz Krise auch Möglichkeiten"

o.V.; Ost-Markt; Nr. 24 / 98; S. 7; „Knorr-Bremse russifiziert Technik"

o.V.; Ost-West-Contact 11/98; S. 85; „Partner in Rußland nicht im Regen stehen lassen"

o.V.; Ost-Wirtschafts-Report; Hrsg: Verlagsgruppe Handelsblatt GmbH; Nr. 1, 09.01.98; S. 6; „Piraterie in Rußland: Alte Gewohnheit"

o.V.; Ost-Wirtschafts-Report (1); Hrsg: Verlagsgruppe Handelsblatt GmbH; Nr.4, 20.02.98; S. 71; „Rußland"

o.V.; Ost-Wirtschafts-Report (2); Hrsg: Verlagsgruppe Handelsblatt GmbH; Nr. 4, 20.02.98; S. 73; Rußland; „Handicaps im Vertrieb – Schneller zu Fuß"

o.V.; Ost-Wirtschafts-Report; Hrsg: Verlagsgruppe Handelsblatt GmbH; Nr. 5, 06.03.98; S. 83; „Rußland: Kündigen ist schwer"

o.V.; Ost-Wirtschafts-Report; Hrsg: Verlagsgruppe Handelsblatt GmbH; Nr. 11, 29.5.98; S. 218; „Rußland: Piraten kennen keine Flaute"

o.V.; Ost-Wirtschafts-Report; Hrsg: Verlagsgruppe Handelsblatt GmbH; Nr. 12, 12.06.98; S.223; „Die Russischen Regionen: Ostsibirien – In schwieriger Lage"

o.V.; Ost-Wirtschafts-Report; Hrsg: Verlagsgruppe Handelsblatt GmbH; Nr.14, 10.07.98; S. 264; „Die Russischen Regionen: Der Norden – Langer Atem erforderlich"

o.V.; Ost-Wirtschafts-Report; Hrsg: Verlagsgruppe Handelsblatt GmbH; Nr. 11, 29.05.98; S. 204; „Der Russische Ferne Osten: Ein ungeschliffener Diamant"

o.V.; Ost-Wirtschafts-Report; Hrsg: Verlagsgruppe Handelsblatt GmbH; Nr. 16, 07.08.98; S. 315; „Westsibirien: Hohes Potential – aber schwieriges Umfeld" o.V.; Ost-Wirtschafts-Report; Hrsg: Verlagsgruppe Handelsblatt GmbH; Nr. 17, 21.08.98; „Rußland"; S. 329

o.V.; Ost-Wirtschafts-Report (2); Hrsg: Verlagsgruppe Handelsblatt GmbH; Nr. 17, 21.08.1998; „Russische Regionen: Vielversprechender Ural"; S.335

o.V.; Ost-Wirtschafts-Report; Hrsg: Verlagsgruppe Handelsblatt GmbH; Nr. 18; 04.09.1998; S. 353; „Verpackung – Rußland"

o.V.; Ost-Wirtschafts-Report; Hrsg: Verlagsgruppe Handelsblatt GmbH; Nr. 19, 18.09.98; S. 361f; „Rußland auf dem Weg ins Ungewisse"

o.V.; Ost-Wirtschafts-Report; Hrsg: Verlagsgruppe Handelsblatt GmbH; Nr. 20, 2.10.1998; S. 397; „Marketing in Rußland – Strategieänderungen erforderlich"

o.V.; Ost-Wirtschafts-Report; Hrsg: Verlagsgruppe Handelsblatt GmbH; Nr. 22, 30.10.98; S.428; „Rußland"

o.V.; Ost-Wirtschafts-Report, Hrsg: Verlagsgruppe Handelsblatt GmbH; Nr. 25/26; 18.12.1998; S. 492; „Stahl/Metallverarbeitung – Rußland"

o.V.; Ost-Wirtschafts-Report; Hrsg: Verlagsgruppe Handelsblatt GmbH; Nr.1, 08.01.99; S. 6; „Rußland: Direktinvestitionen bevorzugt"

o.V.; Stuttgarter Zeitung, 27.10.1998; „Produktpiraterie setzt Marken zu"

o.V.; Süddeutsche Zeitung, 21.10.1998; „MAN Nutzfahrzeuge mit Vollgas"

o.V.; Transitions; 12/98; „Notes from along the way"; S. 5

o.V.; T.W.I.S.T. Unternehmensberatung München; „Rußland-Studie, Weite Seele versus Pedanterie: Kulturelle Unterschiede zwischen Russen und Deutschen und deren Auswirkungen in der Kooperation"; 1994

o.V.; Vremja; „Elbrus wirft Intel den Fehdehandschuh"; 16.12.98 („Время", 16.12.1998; „Эльбрус бросает перчатку Intel")

o.V. „Wirtschaft und Recht in Osteuropa", 2/98; „Verband der Deutschen Wirtschaft in der Russischen Förderation zieht Bilanz für 1997"; S.73ff

o.V.; Wostok 2/97; „Das Deutschlandbild der Russen ist positiv"; S. 28f

o.V.; Wostok 3/97 (1); „Anpassungen an den russischen Markt notwendig"; S. 28f

o.V.; Wostok 3/97 (2); „Vergünstigungen – Triebkraft für kriminelle Machenschaften"; S. 32ff

Panarin, A. S.; „Unternehmertum in ausländischen Kulturen"; in: Russische Akademie der Wissenschaften – Philosophisches Institut; „Kultur des russischen Unternehmertums"; Moskau, 1997 (Панарин, А. С.; „Предпринимательство на рубеже култур" ; in: Российская академия наук – институт философии; „Култура российского предпринимательства" ; Москва 1997)

Petuchow, W.; in: Wostok 6/97; „Anpassungspotential der Gesellschaft: Bestimmt das Sein das Bewußtsein"; S. 39ff

Pleines, H. (1); „Korruption in den post-sozialistischen Staaten Osteuropas"; in: Aktuelle Analysen des Bunddesinstitutes für ostwissenschaftliche und internationele Studien; Nr. 1/1998

Pleines, H. (2); „Kapitalflucht aus Rußland"; in: Aktuelle Analysen des Bunddesinstitutes für ostwissenschaftliche und internationele Studien; Nr. 46/1998

Pöschl J. et al. Transition Countries: Economic Situation in 1998 and Outlook for 1999 and 2000, Wiener Institut für internationale Wirtschaftsvergleiche; February 1999

Prawdin, O.; in: Wostok, 4/98; „Muß der Staat die russische Industrie schützen?"; S. 36ff

Prinkevitsch L. S.; „Vervollkommnug der ökologisch-wirtschaftlichen Grundlagen für die Heranziehung von Auslandsinvestitionen bei der Erschließung der Bodenschätze der Region"; Tomsk, 1994; Autoreferat zur Dissertation, (Принкевич Л. С., „Совершенствование эколого-экономических основ привлечения иностраных инвестиции при освоении природных ресурсов региона"; Томск 1994)

Puppe, W. G.; „ABB, Hohes Technologieniveau durch training nutzbar machen"; in: Wirtschaftshandbuch Rußland, Band 4; DEG, FAZ, Rödl&Partner, manager magazin; 1997

Radaew, V. V.; „Unternehmertum als Basisfunktion"; in: Russische Akademie der Wissenschaften – Philosophisches Institut; „Kultur des russischen Unternehmertums"; Moskau, 1997 (Радаев, В. В.; Предпинимательство как укорененное дествие" in: Российская академия наук – институт философии; „Културa российского предпринимательства"; Москва 1997)

Radaew, V. V.; „Formierung eines neuen russischen Marktes: Transaktionskosten, Kontrollformen und Geschäftsethik"; Moskau, 1998 (Радаев, В. В.; „Формирование новых российских рынков: трансакционые издержики, формы контроля и деловая этика"; Москва 1998)

Rakul, A.; „In Rußland entstand es ein neues Autowerk"; in: Kommersant-daily, Nr. 170, 15.09.98; S. 7 (Ракуль, А.; „В России появился новый автозавод"; in: коммерсантъ-daily, Nr. 170, 15.09.98; S. 7)

Reymann, S.; „Standortbedingungen für ausländische Direktinvestitionen im Nordwesten Rußlands"; Hamburg: HWWA-Institut für Wirtschaftsforschung; HWWA-Report 173; 1998

Russian European Centre for Economic Policy; „Russian Economic Trends"; November 1998

Ruwwe, H.-F.; bfai – Tips für die Praxis; „Werbung in Rußland"; 1997; S. 5f

Saizew, S.; „Über die russische Wirtschaftskultur"; in: „Osteuropa-Wirtschaft"; 43. Jhg., 1/98; S. 36ff

Schäfer, A.; „TV und andere Medien in Rußland"; in: „Osteuropa – Zeitschrift für Gegenwartsfragen des Ostens", 7/98; S. 710ff

Scherer, Jutta; Die Rückkehr der Religion; in: ZEIT Punkte Nr. 5/98; „Rußland am Abgrund"; Herausgeber: Theo Sommer

Schlese/Schramm; „Arbeitseinstellung im Osten Europas – kulturell oder situativ bedingt?"; S. 169; in: Steinle/Bruch/Lawa; „Management in Mittel- und Osteuropa"; Frankfurt/Main; F.A.Z.; 1996

Schlott, W.; „Unterweltliche Rahmenbedingungen: Kriminalität, Mafia und Korruption in Rußland"; S. 162; in: Welge/Holtbrügge; „Wirtschaftspartner Rußland"; Wiesbaden: Gabler; 1996

Schmidt-Häuser, Christian; Geschäfte im Zwielicht; in: ZEIT Punkte Nr. 5/98; „Rußland am Abgrund"; Herausgeber: Theo Sommer

Schubert, H./ Scheele, M.; „Osteuropa: Finanzierung von Investitionen durch die International Finance Corporation"; in: Wirtschaft und Recht in Osteuropa, 11/98; S.423ff

Schwarz, B.; Barychnikova, M.; „Aktueller Überblick über das russische Devisenrecht"; in: Wirtschaft und Recht in Osteuropa, 4/98; S. 121ff

Slay, B.; Capelik, V.; „Natural Monopoly Regulation and Competition Policy in Russia"; in: „The Antitrust Bulletin"; Nr. 1 / 1998

Smirnov, K.; Kommersant Vlast; 08.12.98; S. 9ff *(Смирнов, К.; „Форс-маржорный концерт; коммерцантъ Власть; 8. декабря 1998)*

Statistisches Bundesamt (Hrsg.); Statistisches Jahrbuch für das Ausland 1997; Wiesbaden; Metzler-Poeschel, 1997

Stepin, V. S.; Russische Akademie der Wissenschaften – Philosophisches Institut; „Kultur des russischen Unternehmertums"; Moskau, 1997 *(Степин, В. С.; Российская академия наук – институт философии; „Култура российского предпринимательства"; Москва, 1997)*

Suprijanovitsch, A. G.; „Einige Besonderheiten bei der Formierung der ‚Kapitalistischen Seele' in Rußland"; in: „Kultur und Ethik der Wirtschaft: Geschichte, Tradition, Probleme der Übergangsperiode"; Kasan, 1997 *(Суприянович, А. Г.; „Некоторые особености формирования ‚Духа Капитализма' в Рссии"; in: „Култура и этика бизнеса: история, традиции, проблемы переходного периода" ; Казань, 1997)*

Thede, S.; „Unternehmensstrukturen in Rußland"; in: „Osteuropa – Wirtschaft", 1/98; S.71ff

Thumann Michael; Forschung auf Sparflamme; in: *ZEIT* Punkte Nr. 5/98; „Rußland am Abgrund"; Herausgeber: Theo Sommer

Tscherevitschko, T. V.; „Migration als Bedingung für die Formierung von Beschäftigung inovativen Typs"; in: „Probleme der Marktwirtschaft in Rußland"; Saratov, 1997 *(Черевичко, Т. В.; „Миграция как условие формирования занятости инновационного типа" ; in: Проблемы рыночной экономики России; Саратов, 1997)*

Tscherpurenko, A.; „Die neuen russischen Unternehmer: wer sind sie, wie sind sie?"; unveröffentlichtes Thesenpapier, ausgegeben auf der Internationalen Konferenz zum Thema „Eine unterschätzte Dimension? Zur Rolle wirtschaftskultureller Faktoren in der osteuropäischen Transformation." am 7.-8. Dezember 1998 an der Universität Bremen

Tichomirova, I.; „Investitionsklima in Rußland: regionale Aspekte"; Moskau 1997 *(Тихомирова, И., „Инвестиционный климат в России: региональные аспекты", Москва, 1997)*

Uhlmann, G.; „Wella AG, Standort für zähe Investoren mit Herz – Entwicklung des umsatzstärksten Marktes in Osteuropa"; in: Wirtschaftshandbuch Rußland, Band 4; DEG, FAZ, Rödl&Partner, manager magazin; 1997

Wadenpohl, M.; „Konsumgütermarketing in Rußland"; Ost-Ausschuß der Deutschen Wirtschaft; Bergisch Gladbach 1998

Wilson, D. / Donaldson, L.; „Russian Etiquette & Ethics in Business"; NTC Business Books; 1996

Weißenburger, U.; „Ökologische Rahmenbedingungen"; S. 142ff; in: Welge/Holtbrügge; „Wirtschaftspartner Rußland"; Wiesbaden: Gabler; 1996

Welge M. K.; „Die Bedeutung Rußlands im Rahmen globaler Strategien deutscher Unternehmungen"; in: Welge/Holtbrügge; „Wirtschaftspartner Rußland"; Wiesbaden: Gabler; 1996

Zemljanuina, S. G.; „Besonderheiten der Reproduktion der Arbeitskräfte in der Übergangsperiode"; in: „Probleme der Marktwirtschaft in Rußland"; Saratov, 1997 *(Землянуина, С. Г.; „Особености воспроизводства работчей силы в переходный период"; in: Проблемы рыночной экономики России; Саратов, 1997)*

www.ingramcontent.com/pod-product-compliance
Lightning Source LLC
Chambersburg PA
CBHW020837210326
41598CB00019B/1929